문계학부
폐지의
충격

지은이
요시미 슌야 吉見俊哉, Shunya Yoshimi
1957년생으로, 일본의 대표적인 문화연구자이다. 현재 도쿄대학 대학원 정보학환 교수로
도시론, 문화연구를 전공하며, 국내에는 『박람회』, 『소리의 자본주의』, 『미디어 문화론』,
『운동회』, 『문화 연구』, 『포스트 전후 사회』, 『냉전체제와 자본의 문화』, 『대학이란 무엇인
가』 등이 번역 소개되었다.

옮긴이
김승구 金勝求, Kim Seung-goo
현재 세종대 국문과 교수로 재직 중이며, 문학과 영화에 관한 강의를 하고 있다. 문학, 영상,
문화와 관련된 연구와 번역에 관심을 가지고 있다. 저서로는 『식민지 조선의 또 다른 이름,
시네마 천국』, 『탈경계적 상상력의 영화와 문학』 등이, 역서로는 『영화관과 관객의 문화
사』가 있다.

문계학부 폐지의 충격
초판인쇄 2022년 11월 20일 **초판발행** 2022년 11월 30일
지은이 요시미 슌야 **옮긴이** 김승구 **펴낸이** 박성모 **펴낸곳** 소명출판
출판등록 제1998-000017호 **주소** 06641 서울시 서초구 사임당로14길 15 서광빌딩 2층
전화 02-585-7840 **팩스** 02-585-7848
전자우편 somyungbooks@daum.net **홈페이지** www.somyong.co.kr

값 13,000원
ⓒ소명출판, 2022
ISBN 979-11-5905-626-0 03300

The Shock of 'Abolition of the Liberal Arts Department'

문계 학부 폐지의 충격

요시미 순야 지음 / 김승구 옮김

차례

제1장
'문계학부 폐지'라는 충격

1. 순식간에 퍼진 '문계학부 폐지' 보도

1. 미디어는 '문계학부 폐지'를 어떻게 전했는가?

'문계학부 폐지'라는 충격의 계기가 된 것은 2015년 6월 8일에 문부과학성이 각 국립대 법인 총장에게 보낸 「국립대 법인 등의 조직 및 업무 전반의 재검토에 대하여」라는 통지이다. 이것이 어떻게 해서 "문부과학성이 문계학부를 폐지하려고 하고 있다"는 소동으로 번진 것일까. 우선, 그 경위를 검증해보자.

선도적인 보도는 2015년 5월 28일 자 『산케이신문』의 「국립대 인문계학부·대학원, 규모 축소로 전환, 문과성이 초안 제시」라는 기사였다. 이것은 5월 27일에 열린 국립대 법인 평가위원회에 통지되어 초안이 제출된 것을 받아서 이뤄진 보도인데, 거기서는 "(문부과학성이) 인문사회과학과 교원 양성 학부·대학원의 규모 축소와 통폐합 등을 요청하는 통지 초안"을 제시했다고 되어 있다. 이어서 "이계 강화에 중점을 둔 정부의 성장 전략에 따라 학부·대학원의 재편을 촉진하고, 국립대의 기능 강화를 꾀하는 것이 의도"라고 쓰여 있으며, "문계학부를 폐지한다"라는 표현은 아직 그 정도로 전면에는 나오지 않았다.

그런데 문과성이 통지를 발표하고 보도가 잇따라 나온 6월 8일 이후, 점차 정보가 과장되기 시작했다. 6월 8일 자 『니케이신문』은 「교원 양성계 등 학부 폐지를 요청, 문과 대신 국립대에」라는 제하에, 시모무라 하쿠분下村博文 문과 대신(당시)이 전국 국립대 법인에 대해, "교원 양성계와 인문사회과학계의 학부·대학원의 폐지와 전환에 나설 것 등을 요구하는 통지를 보냈다"라고 보도하여, 앞에서 이야기한 『산케이신문』 기사와 비교하면 '폐지' 부분에 무게가 실리기 시작했다.

한편, 같은 날 『아사히신문』 기사를 보면, "주로 문학부와 사회학부 등 인문사회계 학부와 대학원에 대해서, 사회에 필요한 인재를 기르지 못한다면 폐지와 분야 전환의 검토를 요구했다"라고 『니케이신문』보다 한층 깊이 들어간 기술이다. 그러나 이 기사를 쓴 기자는 '사회학부'가 존재하는 일본의 국립대가 히토쓰바시대 이외에는 없다는 초보적인 사실을 인식하지 못했을 가능성이 크고, 그에 관해 확인도 하지 않은 채 원고를 썼을 것으로 보인다. 덧붙여 '사회학계'를 포함한다면 쓰쿠바대에도 그런 '학계'가 있지만, 그런데도 히토쓰바시대와 쓰쿠바대뿐이다. '사회학'과 '커뮤니케이션학'은 수험생의 기대에 부응해야 하는 사립대에는 다수의 학부가 있지만, 국립대에는 거의 그런 명칭의 학부는 없다.

그리고 6월 후반이 되자, '문계학부 폐지'라는 문맥의 보도가 확대되는 방향으로 나아갔다. 예를 들면, 「국립대 문계가 소멸? 문과성, 조직 개편 재촉하다」라는 충격적인 제목의 6월 19일 자 『마이니치신문』의 특집기사는 "당연시했던 대학의 '문계'와 '이계' 구분법. 그러나 지금, 국립대의 '문계'에 소멸의 위기가 다가오고 있다"라고 독자의 위기감을 부추기고 있다. 또, '문계학부 폐지'의 배경으로, "산업계가 응전력을 가진 인재를 길러주기를 요구한다문과성 관계자"는 것이 이유 중 하나이다. "아베 신조 정권은 대학 개혁을 성장 전략의 하나로 인식하고 이공계 강화를 예로 들고 있고, 경단련도 정권의 방침을 환영하고 있다"라고 사업계와 정부의 '이계 중시'를 들어, '문계학부 폐지'가 상당히 현실성을 가지고 느껴지도록 설명하고 있다.

6월 25일 자 「국립대 인문사회계 '개폐' 강요, 대학의 권력 비판, 봉쇄가 목적인가」라는 『도쿄신문』 기사는 한층 더 들어가고 있다. 인용하자면, "결국 문부과학성은 이번 달 8일에, 전국 8대 국립대 법인에, 교원 양성계, 인문사회계 학부, 대학원의 폐지와 전환을 요구하는 통지를 보냈다"라는 내용이다.

『도쿄신문』의 이 기사는 이것을 대학의 입학식·졸업식에서의 히노마루 게양과 기미가요 제창을 요구했던, 6월 16일 자 시모무라 문과 대신의 요청과 나란히, "일련의 움직임에 대해 교원 측에서 '현대의 분서', '대학 자치의 침해'라는 목소리도 나온다"라고 비판적 톤으로 매듭짓고 있다. 히노마루·기미가요의 요청은 문과성이 성 차원에서 낸 것이 아니라 문과 대신이 자신의 책임 하에 낸 것이다. 대신 개인의 발언과 문과성의 심의를 거친 방침은 구별되어야 하겠으나, 일반 사람들에게는 이런 구별이 어려울 것이다. 그것은 원래 미디어가 간파해야 할 것이지만, 오히려 이번에 미디어는 이런 혼동을 적극적으로 이용했다.

결국 이런 보도가 이어지면서 "그렇게 형편없는 것을 문과 대신이 생각하고 있는 것일까", "아베 정권은 일본의 대학을 망치려는 의도인가"라는 비판이 각 방면에서 나온 것은 당연한 결과라고 말할 수 있을 것이다.

문과성 비판의 집중포화

'문계학부 폐지'를 전한 일련의 보도는 어느 교육 평론가가 "애초 문과 관료의 발상 자체가 이상한 거예요!"라고 말한 것처럼, "문계 관료가 바보이기 때문에, 이런 형편없는 통지를 한 것이다"라는 언설이 미디어에 의해 유포되어, 그것을 받아서 이때다 하는 식으로 문과성이 공격당하는 흐름이 생겼다. 최초의 신문 보도가 나온 지 대략 2개월 정도 지난 7월 말부터 9월에 걸쳐 문과성이 비판의 집중포화를 맞는 상황이 되었다.

인문·사회과학, 생명과학, 이학·공학의 전 분야 과학자를 내외적으로 대표하는 기관인 일본학술회의의 간사회는 7월 23일, 「지금까지의 대학의 존재 방식 — 특히 교원 양성·인문사회과학계의 존재 방식 — 에 관한 논의에 부쳐」라는 성명을 내고, 이번 문과성의 통지는 "우리나라에서 인문·사회과학의 장래 및 국립, 공립, 사립을 불문하고 대학의 존재 방식 전반에 많은 영향을 미칠 가능성"이 있다. 그리고 "인문·사회과학만을 일부러 떼어내서 '조직의 폐지와 사회적 요청이 높은 분야로의 전환'을 요구했다는 데에 큰 의문이 있다"라고 비판했다.

비교적 산업계 쪽 입장에 서 있는 『니케이신문』도 7월 29일 자 사설 「대학을 쇠약하게 만드는 잘못된 '문계 폐지' 통지」에서 통지를 "'곧바로 도움이 되지 않는 분야는 폐지를'이라고 해석할 수 있는 부주의한 것이다"라고 하며 "철회해야 한다"라고 압박했다. 이 사설에서 또 하나 눈 여겨봐야 할 점은 제목에서 통지를 '문계 폐지'라고 요약하여, 8월 23일 자 『산케이신문』의 「국립대 개혁의 하나로서 통지된 '문계학부 폐지'는 옳은가 그른가」라는 기사처럼, 애초 보도와 달리 '문계학부 폐지'가 정말 기정 노선인 것처럼 간주하고 있다는 점이다. 즉, 미디어에서 불도 없는데 연기가 나서 그 연기가 실제 불이 된 것 같은 현상이 일어났다고 할 수 있다.

실제, 8월 23일 자 『요미우리신문』은, 「국립대에 문계 재편의 파도, 26개 학교가 학부 개폐 계획」이라는 기사에서, "문계학부가 있는 전국의 국립대 60개 학교 중, 반수 가까운 26개 학교가 2016년 이후, 문계학부의 개폐를 계획하고 있다"라는 설문조사 결과를 보도하고 있다. 이 기사를 읽은 많은 독자가 문과성의 '문계학부 폐지' 통지가 이렇게도 빠르게 현실화하는 것을 눈앞에서 보고, '문계학부 폐지'는 급기야 기정사실로 받아들인 것은 아닐까.

해외 미디어, 산업계에서도 잇따라 비판

국내에서의 비판은 여름이 되자 해외에도 불똥이 튀어, 다양한 해외 미디어가 이 문제에 대해 보도하기 시작했다.

예를 들면, 8월 2일 자 『월스트리트저널』은 대서 특필로 "일본은 고등교육을 기술 추진이라는 측면에서 재검토하고 있다. 교양 과목이 조사나 직업 훈련을 강조하는 비즈니스 프로그램을 위해서 축소될 것이다"라고 전하고 있다. 이 기사의 내용을 요약하자면, 자연과학과 직업 훈련이라는 산업계 측의 교육 프로그램을 강화하기 위하여 일본의 교양과목 교육은 축소될 운명이고, 또 아베 정권에서 일본의 경제 성장 계획을 추진하기 위한 중요 정책의 일부라는 것이다. 이런 해외 미디어의 보도에 따라 "일본 정부는 '문계학부 폐지'라는 대학에 대한 일종의 '분서갱유'를 하려고 하고 있다"라는 정보가 세계적으로 퍼지게 되었다.

높아가는 비판의 기운은 산업계의 중추인 경단련까지도 성명을 내는 사태로 발전하여, 9월 9일 경단련은 다음과 같이 통지에 대한 이견을 주창했다.

이번 통지는 응전력 있는 인재를 요구하는 산업계의 의향을 받아들인 것이라는 견해가 있으나, 산업계가 요구하는 인재상은 그 반대다. 예전부터 경단련은 수차에 걸친 제언에서, 이계·문계를 불문하고, 기초 체력, 공덕심에 덧붙여, 폭넓은 교양, 과제 발견·해결력이 필요하다고 호소해왔다. (…중략…) 지구적 규모의 과제를 분야 횡단형의 발상으로 해결할 수 있는 인재가 요구되기 때문에, 이공계 전공이라 하더라도 인문사회과학을 포함한 폭넓은 분야의 과목을 배우는 것과 인문사회과학계 전공이라 하더라도 첨단 기술에 깊은 관심을 가지고 이계의 기초 지식을 몸에 익히는 것도 필요하다.

만약 문과성이 언론 보도에서처럼 산업계의 요청에 따라 통지를 낸 것이라면 문과성에서는 그야말로 뒤통수를 맞은 격이다.

문과성 통지에는 무엇이 쓰여 있었던가
여기까지 미디어의 보도 경위와 그 결과로서 높아진 각 방면에서의 비판에 대해 개관해왔다. 그러나 문제는 이처럼 '통지' 비판을 하는 미디어와 지식인 중 어느 정도가 정말로 문과성 통지를 통독하고 그 전후 문맥도 이해하고 있었던가 하는 점이다. 애초 문과성은 '문계학부 폐지' 통지를 냈던 것일까. 만약 그런 '통지'가 없었다면 왜 "문과성은 문계학부 폐지를 꾀하고 있다"는 해석이 순식간에 퍼진 것일까. 이 점을 생각하는 데에 이 문제의 핵심이 있다. 그렇다면 실제의 통지 내용은 어떤 것이었던가를 다음으로 확인해보자.

문제가 된 것은 2015년 6월 8일에 낸 문과성 통지「국립대 법인 등의 조직 및 업무 전반의 재검토에 대하여」중「3. 국립대 법인의 조직 및 업무 전반의 재검토」항목에 있는「1) 조직의 재검토 (1) '임무의 재정의'를 근거로 한 조직의 재검토」에 쓰여 있는 다음 문장이다.

특히 교원 양성계 학부·대학원, 인문사회과학계 학부·대학원에 대해서는 18세 인구의 감소와 인재 수요, 교육 연구 수준의 확보, 국립대의 역할 등을 근거로 한 조직 재검토 계획을 책정하여, 조직의 폐지와 사회적 요청이 높은 분야로의 전환에 적극적으로 나서도록 노력하는 것이다.

예상외로 소동이 커져서 대응에 고심하던 문과성은 이번 '통지'의 요점은 '교원 양성계 학부·대학원'에 있다고 변명했다. 문과성 입장에서는 18세 인구 감소를 고려하여 2004년 국립대 법인화 이전부터 '교원 양성계 등의 규모 축소·재편'을 지속해서 거론했기 때문에, "지금까지 냈던 문서 등의 내용을 근거로, 문맥을 이해해주기를 바란다"고 말하고 싶었던 것이다.

이번에 문제가 된 '통지'의 배경에는 마침 2015년이 '중기 목표·중기 계획'의 교체 시기였다는 사정도 있다. 왜냐하면 국립대는 법인화 이후, 마치 예전의 사회주의 국가처럼 6년마다 중기 목표·중기 계획을 세워야 했기 때문이다. 구소련과 중국의 계획경제처럼, 전국의 대학이 일제히 6개년 계획을 세워서 그 달성도를 평가받아 질책을 받든지 칭찬을 받든지 하고 있다. 오늘날 국립대 교원은 이런 '계획'과 '평가'를 위한 문서를 작성하는 데 방대한 시간을 소비함으로써, 그렇지 않았으면 썼을지도 모르는 저서와 연구 성과를 희생하고 있다. 이렇게 된 것은, 제1기 중기 계획2004년 4월~이 시작되기 전인 2003년부터로, 2015년 여름부터는 2016년도부터 2021년도까지 이어지는 제3기 중기 계획의 준비가 시작되었기 때문이다.

이 제3기 중기 계획에서는 제2기2010~2015년도 기간 중인 2013년 11월에 책정된 국립대 개혁 계획에 제시된 '임무의 재정의'에 따라 계획을 세우게 되었다. 이번 통지는 그 '임무의 재정의'의 구체적 지침으로 제시된 것인데, 핵심은 이미 국립대 개혁 계획에 제시되어 있었던 것과 같은 것이다. 미디어는 이런 문맥을 파악하지 않고 통지 일부만을 떼 내서 보도했기 때문에, 돌연 저런 통지가 나왔나 싶었던 것인데, 문과성으로서는 통지는 어디까지나 2013년의 계획에 이미 제시된 것의 재탕에 지나지 않는 것이었다.

과연 미디어 기자 중에, 이런 최근의 국립대 '개혁'의 흐름을 파악해 이 통지를 문맥적으로 이해할 수 있는 사람이 얼마나 있는지는 의문이다. 오히려 문과성 통지의 처음과 끝만을 떼어 내면, "교원 양성계 학부·대학원, 인문사회계 학부·대학원에서는 조직의 폐지와 사회적 요청이 높은 분야로의 전환에 적극적으로 나서게" 된다는 것이어서, 전후 문맥을 벗어나서 주어와 술어를 연결하여 단순하게 이해해버리는 기자도 적지 않았을 것이다. 실제 일련의 보도는 떼 낸 '주어'와 '술어' 부분만이 독단적으로 움직여서 만들어냈을 가능성이 크다고 생각된다.

2. '통지' 비판의 배후에 있는 암묵적 전제

통지 내용은 1년 전에 공표되었다

이번에 문제가 된 문과성 방침은 애초 언제 나왔던 것일까. 왜냐하면 이 통지의 내용이 2015년 6월 8일이 돼서 급하게 나온 것이 결코 아니기 때문이다. 우선 적어도 6월 8일에 앞선 5월 27일의 국립대 법인 평가위원회에서는 이 통지의 초안이 제출되었는데, 실은 이미 그로부터 거의 1년 전에 실질적으로 통지와 같은 내용의 방침이 나왔다.

사실 5월 27일의 국립대 법인 평가위원회의 회의록을 읽어보면, 문과성 사무국은 "작년 8월의 본 위원회 총회 심의에 부쳐진 「조직 및 업무 전반의 재검토에 관한 견해」를 작년 9월에 각 법인에 제시하였다"라고 발언하고 있다. '각 법인'은 국립대를 가리키는 것인데, 「조직 및 업무 전반의 재검토에 관한 견해」는 통지를 낸 전년 9월에 각 국립대에 이미 제시된 것으로, 이번에 처음으로 나온 것이 아닌 것이다.

'작년 8월의 본 위원회 총회'에서 심의된 「조직 및 업무 전반의 재검토에 관한 견해」는 2014년 8월 4일의 국립대 법인 평가위원회에 제출된 자료 「국립대 법인의 「조직 및 업무 전반의 재검토에 관한 견해」에 관해서(안)」이다. 여기에 「조직의 재검토에 관한 견해」라는 항목이 있는데, "'임무의 재정의'를 근거로 한 조직 개혁", "법과대학원의 발본적 재검토" 등과 함께 "교원 양성계, 인문사회과학계는 조직의 폐지와 사회적 요청이 높은 분야로의 전환"이 들어 있다.

거기에는 "'임무의 재정의'를 근거로 한 빠른 조직 개혁이 필요하지 않을까, 특히 교원 양성계 학부·대학원, 인문사회과학계 학부·대학원에 관해서는 18세 인구의 감소와 인재 수요, 교육 연구 수준의 확보, 국립대의 역할 등을 근거로 한 조직 재검토 계획을 책정하고 조직의 폐지와 사회적 요청이 높은 분야로의 전환에 적극적으로 나서야 하지 않을까" 하는, 이번 통지와 거의 같은 글귀가 있다.

즉, 이번 통지 내용은 애초 2014년 8월에 공표된 것으로, 같은 해 9월에는 각 국립대에도 제시된 것이다. 덧붙이자면, 이 단계에서 이미 『도쿄신문』은 「국립대에서 문계 사라지나? 문과성 개혁안을 통고」2014년 9월 2일자라는 보도를 하고 있는데, 다른 신문은 따르지 않고, 대학 측에서도 눈에 띨만한 반응은 없었다. 그러나 이듬해 2015년 여름에 되자 미디어는 돌연 '타오르기' 시작했다.

'문계학부 폐지' 비판의 배경

왜 통지의 실질적 내용이 공개된 2014년 8월이 아니라, 그로부터 1년 가까이 지난 2015년 6월 이후가 돼서, 그와 같은 통지가 돌연 문제가 된 것일까. 크게 나눠볼 때 세 가지 이유를 생각할 수 있다.

첫 번째는 2015년 여름의 정치 상황이다. 아베 정권은 그해 여름 '집단 자위권'을 포함한 안보 관련 법안을 국회에서 강제로 통과시키려고 했다. 다수의 사람이 이것은 헌법 위반으로 법적 규칙을 무시한 폭거라고 느끼고 있었다. 안보 법안을 둘러싼 정권의 강경함을 눈앞에서 본 사람들은 이 정권은 터무니없는 폭력적 개입을 하는 정권으로, 전후 일본이 축적해온 자유를 무너뜨리고 있다는 이미지를 가지고 있었다. 또, 대학 입학식·졸업식에서 히노마루 게양과 기미가요 제창을 요구한 시모무라 문과 대신의 복고주의적 행동도 여론의 위기감을 한층 고조시켰다.

더욱이 같은 시기 총공사비 2,500억 엔을 넘는 새 국립경기장 건설이 큰 문제가 돼, 문과성과 사업 주체인 일본스포츠진흥센터의 서투름도 잇따라 명확해지기 시작했다. 통지가 나온 것은 이런 문제들로 정부와 문과성에 대한 불신이 사회에 팽배하던 시점이었다. 미디어와 국민 여론이 "또 아베 정권 혹은 문과성이 형편없는 짓을 하려 하고 있다"고 받아들일 소지는 충분했다고 말할 수 있다.

미디어 측으로서는 통지의 실질적 내용이 명확해진 1년 전과 비교해 정권 비판의 여론이 크게 고양된 것이 이 문제를 문제 삼는 동기를 강하게 했다고 생각된다. 더욱이 통지의 내용이 공격하기 쉬운 것이었기 때문에 근사한 공격 대상이 된 면도 있을 것이다. '문계학부 폐지'에 관한 일련의 보도를 검증해보면, 아베 관련 법안과 문과 대신의 히노마루·기미가요 요청, 새 국립경기장 문제와 연동해서, 아베 정권 혹은 문과성 비판으로 이으려고 미디어 스스로가 '문계학부 폐지'라는 선정적인 보도를 확대하는 과정이 엿보인다.

본래대로라면, 이 문과성 통지의 배후에 어떤 경위가 있는지, 그 의미를 분석해서 알기 쉬운 말로 독자에게 전달하는 것이 미디어의 역할이다. 하지만, 그런 분석에 빠뜨릴 수 없는 최근 일본 대학 개혁에 대한 이해가 부족한 채, 정권 비판의 시류에 편승하는 모양으로 일련의 기사가 쓰였다고 생각할 수 있다. 통지의 의도가 정말로 '문계 폐지'를 강요하는 것인가에 대해 검증도 하지 않고, 아베 관련 법안 등과 일괄적으로 비판하는 미디어의 자세는 언론으로서 적절하다고 할 수 없다.

두 번째는 문과성 측의 실패가 2014년과 2015년 여름 사이의 정치 상황의 변화를 고려하지 않았다는 점이다. 같은 메시지라도 수용자를 둘러싼 문맥이 변화하면 완전히 다른 의미를 낳는다는 점은 의사소통론의 상식인데, 그런 관점이 문과성에는 없었다. 그러므로 작년의 문장을 올해도 '전례에 따라' 사용한 것이다. 그러나 정치 상황이 다르고, 그것을 둘러싼 미디어의 자세도 세간의 감정도 달랐기 때문에, 메시지 수용 방식이 결정적으로 변했다.

만약 문과성 측이 이 여름의 긴박했던 정치 상황에서 매스컴이 아베 정권 공격의 재료를 작심하고 찾고 있는 것을 예견했다면, 같은 내용의 통지를 낸다 하더라도 주의 깊게 말을 고르지 않았을까. 예를 들면 "국립대는 미래의 역할을 고려한 조직 재검토 계획을 세워, 기존 조직의 폐지를 포함한 발본적 쇄신과 사회적 기대를 이끌 수 있는 분야로의 전환에 적극적으로 나선다"라고 썼다면, 본질은 같은 것이지만 '통지'는 미래 지향의 긍정적인 요청으로 세간에 수용되었을 것이다.

'벌이가 되는 이계' 대 '벌이가 안 되는 문계'라는 구도

그러나 세 번째는 더욱 근본적인 문제이다. 늦기는 했지만 2004년 국립대 법인화를 전후해서 나온 산업 경쟁력 중시의 대학 정책을 배경으로, '벌이가 되는 이계'와 '벌이가 안 되는 문계'라는 구도가 당연한 것처럼 성립되어, 대학도 경제 성장에 교육으로 공헌하지 않으면 안 된다는 전제를 모두가 받아들였다는 점이다. 문계학부에서 배운 게 취직에서 유리하지 않고 돈도 안 되기 때문에 도움이 안 된다는 '상식'이 형성되어, 그것을 모두 확실히는 말하지 않아도 잠재적으로 굳게 믿게 돼버린 상황이 널리 국민 일반에 성립되었다. 실은 이것이 최대의 문제이다.

그러므로 이번 '통지'에 대한 경제계와 미디어의 반응은 문계의 역할도 어느 정도는 인정해준다는 수준의 것으로, 문과성 통지는 과격하다고 말하는 데 지나지 않는다. 그러나 문제의 근본은 과거 십수 년의 대학 정책이 문계학부에서 배운 것이 도움이 되지 않는다는 믿음 위에 성립되었다는 점이다. '통지' 비판은 문과성 공격으로 끝날 이야기가 아니고 훨씬 큰 문제를 숨기고 있다. 오히려 이 '벌이가 되는 이계', '벌이가 안 되는 문계'라는 구도의 '상식'화야말로, 이번 '문계학부 폐지 문제'에 의해 제기된 사태의 배후에 있는 근본적인 문제이다. 그래서 이 구도가 어떻게 구축되었는가 그 경위를 확인하고자 한다.

3. 문리의 불균형은 언제부터 구조화?

국립대의 '문계'와 '이계'

일본의 대학 정책에서 문계 경시는 최근에 시작된 게 아니다. 오히려 전후 일관해서 일본 정부는 이공계 진흥에 힘을 쏟아왔기 때문에, 늦어도 고도경제성장기까지 국립대는 이계 중심의 조직이 되었다. 그리고 오늘날, 옛 제국대라 불리는 대규모 국립대 교원의 약 7할이 이계였던 데 반해, 법학부, 경제학부, 문학부라는 좁은 의미에서의 문계 교원은 약 1할에 지나지 않는다. 국립대 교원의 거의 4명 중 3명이 이계인 셈인데, 국립대의 교육학·교원 양성계를 제외한 문계 교원 비율은 다만 1/10 정도에 지나지 않는다. 즉, '문계학부 폐지' 운운하기 훨씬 이전부터, 일본의 국립대에서는 이계가 압도적 우위를 점했고, 실질적으로 국립 이공의과대가 돼버렸다고 말할 수 있다.

그러나 그렇다면 일본의 국립대는 최초부터 줄곧 이계 중심이었는가 하면 반드시 그렇지는 않다. 나카야마 시게루中山茂의『제국대의 탄생』중공신서, 1978에 따르면, 메이지 19년1886의 제국대 설립 이전에는 공부工部대학교를 시작으로 관립 전문학교가 고등교육의 중심을 차지했고, 메이지 정부는 근대국가 건설에 필요한 이공계 기술 관료 양성에 힘을 쏟았다. 그러나 제국대가 설립된 메이지 후기, 문명개화의 시대가 일단락되자, 국가 건설에서 국가 유지·관리로 중심이 이동했다. 그래서 강화된 것은 법과계 만능선수의 양성이었고, 그것을 담당할 법학부로 고등교육의 주도권이 옮겨갔다.

제국대 설립은 법과계에 의한 관청 엘리트 독점시대의 개막이 되어, 이공계 중시에서 법과계 중시로 정부의 대학 정책의 기축은 변화했다. 이렇게 청일·러일전쟁을 거쳐, 제국으로서의 법질서 구축을 향한 법과계 엘리트에 의한 국가 관리가 진행되었다.

전쟁의 시대에 이끌린 이계 중시 노선

전쟁이 없는 시대의 국가를 관리하는 것은 법률이고 국가의 중추는 법과계 엘리트가 차지하지만, 전쟁이 다가오면 법률은 멀어지고 무기 제조를 위한 기술 활용, 즉 이공계의 중요성이 늘어난다. 1910년대 말 이후는 총력전 체제로 향하는 가운데 이계의 부설 연구소국립대에 설치된 연구소 증강에 따른 응전력으로서의 군사력 강화의 시대였다.

이렇게 제1차 세계대전 이후, 더욱이 만주사변 이후, 전쟁의 발소리가 가까이 들리면서 이과계 연구소의 수가 극적으로 증가하였다. 예를 들면, 제1차 세계대전에 응하는 모양새로 일본의 이계 연구소를 대표하는 이화학연구소가 설립되었고1917, 해군 항공기 시험소1918, 오사카 공업 시험소1918, 육군 과학연구소 1919와 다양한 연구소 설립이 줄을 이어, 같은 시기에, 일본항공

협회1913, 토목학회1914, 일본철강협회1915 등 이계 학회도 한꺼번에 설립되었다. 이들 학회는 로비단체로서의 측면이 강하고, 국가 산업 정책에 대해 기술자와 공학자의 발언이 활발했다. 그 결과 과학기술 정책과 국가 정책이 긴밀화되고, 제국대 설립으로 법학부가 쥐고 있던 지배권을 이공계가 탈환하는 과정이 진행되었다.

이런 이공계 중시 체제는 1940년의 「과학 동원 실시 계획 요강」으로 열매를 맺어, 전쟁 수행을 위한 '선택과 집중'이 실시되었다. 그리고 태평양전쟁 개전 직전인 1941년에는 「과학기술 신체제 확립 요강」이 각의에서 결정되고, "과학기술의 국가 총력전 체제를 확립하고, 과학의 획기적 진흥과 기술의 비약적 발달을 꾀함과 더불어, 그 기초인 국민의 과학 정신을 작흥하고, 이로써 대동아공영권 자원에 기반을 둔 과학기술의 일본적 성격의 완성을 기하기" 위해, "연구자의 양성·배치의 계획적 강행", "연구용 자재의 확보", "규격의 통일과 표준화", "과학기술 행정기관의 창설", "과학기술연구기관의 종합 정비" 등의 기본 정책이 세워졌다. 확실히, 일본의 과학기술을 결집한 총력전이라고 부를 만한 양상에 돌입했다고 말할 수 있다.

이때 만들어진 과학기술 동원 체제는 전쟁이 끝난 후에도 목적을 '경제 발전'으로 전환해서 이름과 조직의 존재 방식을 크게 바꾸면서, 대국적으로는 이어받아서 전후 국립대에서 이공계 중심의 연구 체제의 기반이 되었다.

현재까지 이어진 전시의 연구 예산 체제

이처럼 전시하에 만들어져 현재도 계속되는 체제의 하나에, 과학기술 예산 제도가 있다. 일본학술진흥회JSPS는 거액의 과학 연구비를 관할하는 조직인데, 흥미로운 점은 설립되기 1년 전인 1931년, 정부에 제출한 학술 연구 진흥의 건의에 다음과 같은 것이 쓰여 있다는 점이다.

> (세계 불황 중에) 사상계, 경제계, 산업계에 걸친 다양한 난관은 학술 연구의 진흥을 통해서 달리 그것을 타개할 근본적 국책이 요구될 수밖에 없다.

전쟁에서 이기기 위해서는 산업 경제력의 증강밖에 없고, 그러기 위해서는 대학의 연구력을 강화할 수밖에 없다는 논리는 '세계적인 경쟁력'을 거론하는 오늘날에도 통용된다. 그리고 현재와 같이 당시에도 이런 논리는 정권에 대해 설득력이 있어서, 1933년부터 과학기술 진흥을 위한 보조금이 설치되었다. 그 규모는 문부성 과학연구 장려금의 약 10배라는 거액이었다. 이 일본학술진흥회의 보조금은 현재까지 이어져 오고 있으며, 지금도 대학의 경쟁적 자금의 기둥을 이루고 있다. 게다가 1941년에는 이 보조금의 70%를 공학계에서 가져갔는데, 이런 구도도 현재까지 이어지고 있다.

전시 일본은 미국에 이긴다는 명확한 목적에 도움이 되는 것으로서 이공계의 응용 학문을 중심으로 전쟁 수행에 총력을 기울여 대학의 지식을 동원했다. 그리고 그 결과 모든 것이 재로 변하고 심대한 불행을 이 나라 사람들에게 초래한 경험이 있다. 이처럼 목적을 주어진 것으로 하고 수단적 유용성을 추구하는 지식으로는 "그러나 미국에 이긴다는 것은 애초 불가능하지 않았는가" 하는 목적 자체를 객관적으로 비판하는 관점을 낳지 못한다. 본래, 지식을 담당하는 대학이 해야 할 것은 군사기술에 도움이 되는 연구소를 계속 설치하는 것이 아니라, 추구하는 목적 자체가 근본적으로 틀렸다는 것을 보여주고 가치의 기준을 바꿔 다음 시대를 여는 새로운 목적을 향하는 것이었다.

고도 경제 성장에 따라 한층 강해진 이계 편중

그런데도 전전에 만들어진 이계 중시의 기반은 전후에 더욱 확충되었다. 그 계기가 된 것은 말할 것도 없이 고도 경제 성장이다.

경제 부흥이 진행됨에 따라 높아진 "경제 성장을 위해 과학기술교육 진흥을"이라는 산업계의 바람에 응하는 형태로, 문부성은 1957년 「과학기술자 양성 확충 계획」하에, 이공계 학생 수를 당시 기준보다 전체적으로 8천 명 더 늘리기로 했다. 이것은 1957년부터 1962년까지의 「신 장기 경제 계획」과 관련된 것인데, 국립대 4,000명, 공립대 1,000명, 사립대 3,000명씩 이공계 학부의 학생 정원을 늘리는 것으로, 그 결과, 이계 분야 그 자체가 발전하는 체제가 만들어졌다. 당시는 냉전 시대여서, 미국, 영국, 소련도 과학기술자 양성 계획이 세워져 있었기 때문에, 그들을 따랐다는 측면도 있고, 그 후에도 이계 정원 증가는 계속되었다.

이 무렵, 자민당의 새로운 정책 요강에서는 "법문계 편중의 시정"이 주장되고, 국립대의 법문계를 억제하고 이공계에 힘을 실어주는 방침이 제시되는 등, 정부 여당은 '문계 중시'에서 '이계 중시'로의 전환을 주도했다. 다만 실제로는 이미 전시부터 대학의 연구 예산과 인원 배치의 중심은 이계에 기울어져 있었기 때문에, 이런 '전환'은 오히려 '강화'라고 말해야 할 것이다. 예를 들면 기시 노부스케岸信介 내각의 마쓰다 다케치요松田竹千代 문부 대신은, 정말로 국립대의 법문계를 전폐해서 그것들은 모두 사립에 맡겨버리고, 국립대는 이공계 중심으로 구성해야 한다고 주장해서 상당한 물의를 일으켰다. 이번 문과성 통지가 '문계학부 폐지'를 의도한 게 아니라는 점은 이미 실증한대로이지만, 과거 실제로 문부 대신이 노골적인 "국립대 문계 찌부러뜨리기"를 표명한 바도 있었다.

그 후의 이케다池田 내각에서도, 이케다 마사노스케池田正之輔 과학기술청 장관이 문부성에 대해서 「과학기술자의 양성에 관한 권고」를 했고, 그 결과, 과학기술자 2만 명 추가 모집과 소득 배증·고도 경제 성장 정책과 일치하는 형태로 이계를 보다 더 늘리는 정책이 추진되었다. 그 한편으로 국립대 문계의 정원은 대학 입학자 전체가 확대되고 있던 이 시대에도 억제되었다. 배경에는 사립대의 기대가 있었다. 실험 시설 등 대규모 초기 투자가 필요한 이계 설립은 어렵지만 문계는 비교적 쉽게 만들 수 있어서 문계를 넘겨받아서 경영의 안정을 꾀하고자 하는 사립 측의 요청이 작용하고 있다. 그 결과 특히 옛 제국대를 중심으로 국립대의 이공의 과대화가 진행돼, 교원 비율과 예산 배분을 보면 일본의 국립대는 압도적으로 이계가 중심이 되는 현상이 빚어졌다.

고도성장기 이후에도 계속되는 이계 중심 체제

이런 경향은 고도성장기가 끝났음에도 기본적으로 변하지 않았다. 즉 1970~80년대 이후에도 이계가 정책적으로 보호받았고 비교적 후한 예산 조치가 시행되는 한편, 문계는 대체로 그런 보호에서 계속 제외되었다.

이런 계속성을 현저하게 보여주는 것으로, 내각부에 설치된 종합과학기술회의를 거론할 수 있다. 일본의 과학기술 정책은 전후, 원자력 기술을 축으로 큰 발전을 이뤘다. 그런데 1980~90년대부터 원자력의 위험이 문제가 되었고, 이윽고 2011년 후쿠시마 제일원전 사고가 발생하였다. 이 시대 과학기술계의 여러 조직에 있어서 원자력 정책이 전환되는 중에, 팽창한 과학기술 예산의 파이를 어떻게 확보할 것인가가 우선 과제가 되었다. 이렇게 과학기술기본법이 1995년에 시행되고, 2001년에는 종합과학기술회의가 설치되었다. 원자력 중심 체제의 끝이 보이기 시작하기는 했지만, 과학기술 중심 체제 자체는 유지해야 한다는 국가의 의지가 거기에 작용한 것이다.

그러나 본래 이계처럼 '과학'인 문제는 이런 '과학 진흥'의 대상에서 제외되었다. 과학기술 정책 예산에는 이계만 포함되어 있고, 과학기술청 계통2000년 당시의 대규모 연구 과제를 신청할 수 있는 권리가 문계에는 없다는 점이 명문화되어 있었다.

1995년, 과학기술 강화를 목적으로 시행된 과학기술기본법 제1조에는 같은 법에서 말하는 '과학기술'은 "인문과학에만 관련된 것은 제외한다"고 규정되어 있었다. 그 결과, 과학기술기본법의 「과학기술의 진흥에 관한 기본적인 계획(과학기술기본계획)」에서, 인문과학 고유의 진흥책은 포함돼 있지 않다는 이해를 유도하였고 문계와 이계의 예산 배분은 상당히 불균형하게 되었다. '문계학부 폐지'라는 측면에서 보자면, 이미 이 시점에 '문계'는 주변화되었다.

이계 편중의 과학기술 정책에 대한 문제 제기
이런 움직임을 견제하며 일본학술회의는 2001년 「21세기에 인문·사회과학의 역할과 그 중요성」이라는 성명을 냈다. 거기에서는 다음과 같은 지적을 하고 있다.

> 과학기술의 개념이 자연과학에 편중돼 이해되고, 연구 환경의 정비도 균형을 잃고 있는 현상은 인문·사회과학의 창조적 발전을 저해하기 쉬울 뿐만 아니라 자연과학의 발전에도 부정적 영향을 미칠 가능성이 있다. (…중략…) (인문·사회과학은) 자연과학과는 다른 발상과 수법에 따라 과학기술에 대해 독자적 공헌을 할 가능성을 가지고 있기 때문이다.

여기에 제시된 것은 인문·사회과학이 가진 이런 가능성을, 일본의 과학기술 정책은 인식하지 못하고 있는 것은 아닌가 하는 비판이다. 그리고 "인문·사회과학은 인간과 그 사회를 연구 대상으로 하므로, 사람들의 동기와 가치 선택을 고찰하지 않으면 안 된다. 따라서 지속 가능한 사회나 순환형 사회의 구축에도, 복제인간·유전자 조작 식품·출생 전 진단·유전자 개인 정보 등의 문제를 취급하는 생명과학에도, 정보기술이 초래하는 빛과 어둠, 분쟁 예방에도, 이들 제 과제의 해결을 위한 종합적인 과정을 설계할 때에도, 인문·사회과학의 역할이 중시된다"라고 문계 고유의 역할에 대해 구체적으로 호소하고 있다.

더욱이 이 성명에서는 다음과 같은 제언이 이뤄지고 있다.

과학기술 문명의 현상을 극복하기 위해, 문리의 이분법을 넘어서 새로운 통합적·융합적 지식이 필요하며, 그를 위해서도 기초적 연구를 포함해 자연과학 및 인문·사회과학의 균형 잡힌 발전이 중요하다.

문계와 이계를 대립시켜 이계에만 예산을 주는 구조에 근본적인 문제가 있다는 생각에서, 그것을 바꾸기 위해서는 우선 문리의 통합적·융합적 분야를 만들어야 한다고 주장하고 있다. 특히, "인문·사회과학에 인간의 본질을 포착하는 인간들의 정신생활을 풍부하게 한다는 사회적 책무의 수행을 촉진하고 또 가능하게 하려면, 자연과학과 인문·사회과학 사이에 지금까지 확대해온 연구 체제 및 연구 조건에 관한 불균형을 바로잡는 등, 적극적으로 인문·사회과학의 진흥을 도모할 필요가 있다", "과학기술의 전체적 발전을 위해 과학기술 종합 전략을 묶는 요체로서 인문·사회과학을 위치 짓는 게 필요하다"라는 부분은 문리 예산이 이 정도로 불균형한 상황에서는 인문·사회과학의 진흥이 불가능하므로 불균형을 바로잡을 필요가 있다는 일종의 비상사태 선언이다.

이런 주장은 15년 가까이 지난 현재에도 설득력 있는 논의라고 생각한다. 그러나 예산 배분 시스템을 바꾸면 기득권 문제가 얽히기 때문에 간단하게 실현될 수는 없다. 예산 총액이 늘어 이계 예산을 줄이지 않고 문계에도 배분될 수 있다면 괜찮지만, 그렇지 않은 이상 이치야 옳지만 이야기는 통하지 않을 것이다. 본래라면, 정권 중추와 산업계의 최상층 인사들이 "이런 사고방식은 옳다"고 인정하고, 최상층 주도로 예산 배분 시스템을 바꿔야 한다. 그러나 최상층의 의식은 변하지 않고 정권 교체를 한 민주당도 지도력을 발휘하지 못한 채, 이계 편중·문계 경시의 흐름은 점점 강해졌다.

4. 법인화 후 점점 확대되는 문·이의 격차

국립대 법인화라는 결정타

2001년 일본학술회의의 성명 후에도, 결국 방향전환은 이뤄지지 않았다. 오히려, 이계와 문계의 불균형을 한층 확대한 것은 2004년의 국립대 법인화다. 그 기본적 지침은 2001년 6월에 나왔는데, 거기에는 교원 양성계 등의 학부·대학원의 규모 축소·재편에 대해서도 명기되어 있었다. 이번 '통지'도 2000년 전후에 이미 나왔던 문계 재편, 국립대 수의 대폭 삭감, 대학에의 제삼자 평가에 의한 경쟁 원리 도입, 평가 결과에 따른 자금의 차등 배분이라는 방침의 반복에 지나지 않는다.

이번 '문계학부 폐지' 문제는 국립대 법인화에 동반한 시스템과 제 문제의 연장선상에서 일어난 것이라고 말할 수 있으므로, 국립대 법인화라는 제도가 어떤 목적을 가지고 출발했는지를 여기서 파악해 둘 필요가 있다.

국립대 법인화 논의는 1980년대 임시 교육심의회를 복선으로, 1990년대 후반부터 2000년대 초반에 걸쳐 활발히 이뤄졌고, 2002년 3월 「새로운 '국립대 법인'상에 대하여」라는, 그때까지의 논의를 근거로 한 최종 보고가 나왔다. 같은 해 11월에 각의 결정, 이듬해 7월에 국립대법인법, 관계 6법이 성립되었고, 2004년 4월에 일본의 국립대는 국립대 법인으로 이행했다.

이 과정의 논의를 보면, 예를 들어 2001년 6월의 「대학(국립대)의 구조 개혁 방침」문과성이라는 문서에, "국립대의 재편·통합을 대담하게 추진하는" 하나로, 교원 양성계 등의 규모 축소·재편, 국립대 수의 대폭적인 삭감 등, 이번 '문계학부 폐지' 소동의 계기가 된 2015년 6월의 통지와 유사한 내용이 이미 나왔다.

그 외에 법인화의 목적으로 거론된 것은 "국립대에 민간적 발상의 경영 수법을 도입하는" 것과 더불어, "대학에 제삼자 평가에 따른 경쟁 원리를 도입하"는 것이다. 구체적으로는 "전문가·민간인이 참여하는 제삼자 평가 시스템을 도입" 등에 더해, "평가 결과에 따라 자금을 차등 배분", "국공사립을 통한 경쟁적 자금을 확충" 등 예산에 직결되는 방침이 거론되고 있다. 이 예산 배분 제도는 이제까지의 이계 편중의 예산 흐름을 한층 강화하는 것인데 왜 그런지 설명하고자 한다.

국립대 법인의 예산은 기반이 되는 '운영비 교부금'과 각 연구 과제에 대한 사회적 평가에 따라 결정되는 '경쟁적 자금'의 둘로 나뉜다. 운영비 교부금 배포의 기본적인 방식에는 제1기 중기 계획2004~2009년도, 제2기 중기 계획2010~2015년도, 제3기 중기 계획2016~2021년도라는 6년짜리 중기 계획이 크게 관련되어 있는데, 그 달성도에 대한 평가에 따라 각 국립대에 예산이 배분된다. 덧붙여, 2015년 6월 8일의 통지는 제2기 중기 계획을 총괄하고 다음 제3기 중기 계획을 세우는 시점에 나온 것이다.

이 중기 계획은 문과성과 국립대의 조정으로 편성되고, 전국의 국립대는 거기서 정해진 설정대로 6년간 각각의 계획을 추진해 나간다. 그리고 각 국립대가 만든 중기 계획을 외부 기관인 국립대법인평가위원회가 평가하여 거기에 따른 예산 배분이 6년마다 반복된다. 소위 "계획을 위한 계획"이라는 요소가 강해지기 쉬운 이런 제도가 바로 구소련의 '5개년 계획'을 방불케 하는 것이라는 점은 이미 말한 바대로다. 대학 간 경쟁 원리를 보증하는 제도로서, 국립대법인평가위원회에는 민간인과 전문가가 포함돼 있는데, 상의하달식 조정기관이기 때문에 기본적인 요소가 바뀔리가 없다.

문계 약화가 가속하는 제도

국립대 법인화 이후, 운영비 교부금은 매년 1% 정도씩 삭감이 계속되고 있다. 이제는 예산 총액으로 법인화 전보다 약 10% 이상 축소되었고, 그만큼 '국립'의 기반은 약화하였다. 그 배경에는 일본 전체의 경제력이 쇠퇴하고 경제 전체의 파이가 작아졌다는 사정도 있을지 모르겠다. 하지만 같은 시기에 경쟁적 자금은 오히려 확대되었다는 점을 생각하면, 단순히 경제의 축소를 반영하고 있다기보다도 신자유주의적 정책 속에서 교육과 연구의 공공적 기반이 악화한 측면이 더 크다고 할 것이다.

이 결과 '선택과 집중'이 각 지역 대학에서 진행되어, 성과를 보기 어려운, 즉 자금 획득력이 없는 것은 버리고 강해 보이는 것에 투자하는 경향이 강해졌다. 당연, 이런 약육강식의 논리에서는 "도움이 안 된다"고 여겨진 문계의 입장은 약해질 수밖에 없다. 하지만 그런데도 운영비 교부금의 계속적 삭감은 기본적으로는 문계에도 이계에도 똑같이 부정적인 영향을 끼쳐왔는데, 이것이 직접적 원인이 돼 문계와 이계의 격차가 한층 벌어진 것이라고는 할 수 없다. 운영비 교부금의 삭감은 문계와 이계 모두에 같이 커다란 충격이었다.

다른 한편 운영비 교부금과는 다른 예산 틀인 경쟁적 자금은 앞에서 말한 대로 국립대 법인화 이후 이들 총액은 오히려 계속 늘어났다. 이 경쟁적 자금은 기업 등과의 공동 연구비, 기부금, 국가가 주는 특별 경비 등 두 쪽을 포함하고 있는데, 전체적으로 보면, 경쟁적 자금은 운영비 교부금의 감소분의 2배 이상으로 증가하였다. 즉, 법인화 후의 약 10년간 운영비 교부금은 계속 감소했고 경쟁적 자금은 계속 증가했다는 것이 대략적인 겨냥도일 것이다.

그러나 이 경쟁적 자금은 가만히 보면 각 대학, 학부, 그리고 연구과에 배분되는 예산이 아니다. 기업과의 공동 연구 및 기부금은 물론이지만 국가에서도 성청과 재원을 쥐고 있는 여러 기관의 요구에 응해서 많은 대학에서 최상위 수준의 연구자가 지혜를 짜내고 자신의 연구 시간을 희생해나가면서 사무직원의 지원을 받아서 예산 요구 신청서를 작성하고, 서류 심사를 통과하면 문부과학성과 기타 기관에 총장과 학부장, 사무직원이 같이 나가서 발표한다. 그래서 뭔가 예산을 획득하면 이번에는 그 대학 내에서 획득한 예산을 둘러싼 배분 경쟁이 시작된다. 이런 모습이 서서히 관행화되고 있다.

덧붙여서 이런 경쟁적 자금 중에도 많은 대학이 중시해온 것이 '특별 운영비 교부금'이라는, '어림 요구'라는 경쟁 과정을 거쳐서 배분처를 정하는 예산인데, 이것은 국가 분류에서는 '특별 운영비 교부금'의 일부이다. 그러므로 이야기는 복잡하지만, 이 '특별 운영비 교부금'을 단순히 앞에서 이야기한 '일반 운영비 교부금'과 동일시하면, 마치 '운영비 교부금'이 그렇게 줄어든 건 아니지 않나 하는 착각에 빠질 수 있는데, 이것은 착각이다.

대학 운영의 기반으로서 국립대에 나눠주는 협의의 '일반 운영비 교부금'과 각각의 대학, 부서가 경쟁해서 자신의 예산으로 획득하는 '특별 교육 연구 경비'는 별개로 후자는 역시 '경쟁적 자금'으로 생각해야 한다.

이처럼 법인화 후, 국립대의 기반이 되는 예산의 중심이 운영비 교부금에서 경쟁적 자금으로 옮겨갔다는 것이 문계 약화와 상당히 관계가 있다. 경쟁적 자금의 획득에는 문계보다는 이계가 다음의 세 가지 면에서 훨씬 알맞다.

첫 번째는 일반적으로 이계 연구는 문계보다도 기대되는 성과를 보여주기 쉽고 게다가 비교적 단기간에 결과를 내기 쉽다. 이계 연구의 대부분은 "이런 계획에 따라 이 정도의 성과를 거둘 것이다. 이 기간에 이 수준의 목표를 달성할 것이다"라고 명확히 제시할 수 있다. 다른 한편, 문계 연구에서는 그런 명확한 목표와 성과의 제시가 곤란한 경우가 많고, 성과보다도 학문적 의의가 있는 주장으로 시종하는 경우가 적지 않다. 두 번째로는 이계 연구 예산은 많은 경우 문계보다도 훨씬 대규모이다. 같은 건수의 연구 예산에서도 이계와 문계에서는 대학에 있어 '경제 효과'에 큰 차이가 발생한다. 세 번째로는 대체로 이계는 팀워크 문계는 개인 작업이라서, 경쟁적 자금의 획득처럼 팀워크가 요구되는 작업에서는 이계 사람들 쪽이 문계보다도 우수한 능력을 발휘한다.

법인화 후 이렇게 운영비 교부금보다는 경쟁적 자금의 획득

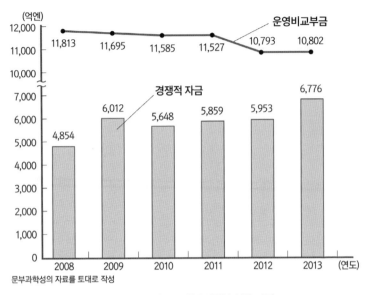

〈그림 1〉 운영비 교부금 및 경쟁적 자금 등 획득상황(수입액 기준)

액에 있어, 문계와 이계 사이에 커다란 격차가 생겼다. 대학에서
도 이공계 대학은 어떻게든 전체로서 예산 감소를 면했지만 교육
계 대학은 점차 가난해졌다.

교육력과 연구력의 약화가 동시 진행

국립대의 재정적 기반의 이런 변화에 따라 결국 국립대에는
어떤 결과가 초래되었을까. 이것은 「국립대 법인화 후의 현상과
과제에 대해서(중간 요약)」2010.7라는 문과성 문서에 요약돼 있
다. 이 문서는 국립대 법인화로부터 6년이 지난 즈음에, "국립대

법인의 존재 방식에 관한 검증"으로, 법인화 후의 국립대가 처한 상황을 조사·분석하고 거기에 대한 전문가 의견도 근거로 삼아 낸 것이다.

그 개요 중에 "법인화 후의 상황 분석"으로 다양한 문제점이 거론되고 있는데 하나는 "법인화 이후, 전임교원의 인건비가 감소하고 비전임 교원의 인건비가 급격히 증가"한 것이다. 이것은 운영비 교부금의 축소에 따라, 종래의 전임교원 수를 유지할 수 없게 되자 감소분을 비전임 교원 등으로 보충했기 때문인데 비정년제 교원 자릿수가 급증한 것을 의미한다.

두 번째로 인문학 분야의 교원 수가 1998년부터 2007년까지 사립대는 7.8% 증가한 데 반해 국립대는 11.4% 감소했다, 즉 국립대 문계의 교육력이 상당히 약화하고 있다는 점이다. 법인화에 의해 '선택과 집중'이 진행돼 "도움이 안 된다"고 여기기 쉬운 문계에 심각한 영향이 미치고 있음을 엿볼 수 있다.

법인화에 따라 약화된 것은 문계의 교육력만이 아니다. 이 문서에서 지적된 또 하나 법인화의 문제점은 돈과 시간의 반비례 관계이다.

즉 법인화 후 "공동 연구, 경쟁적 자금 획득 액, 과학연구비 보조금 획득액 등은 대폭 증가", 요컨대 어쨌든 자금 획득이 중요하다는 연구자의 '기업가화'가 발생했다. 운영비 교부금이 감소 일로를 걷는 중 우수한 젊은 연구자를 모으기 위해서는 경쟁적 자금이 필수가 되었다. 더욱이 그들의 다수는 5년 단위로 고용되기 때문에, 그대로는 고용된 젊은 연구자가 실직할 수 있으므로, 거의 항상 '차기 자금'의 획득에 에너지를 쏟을 수밖에 없다. 그러므로 연구자는 경쟁적 자금 획득을 위한 서류 작성과 심사 발표 준비에 방대한 시간과 노력을 소비하게 되어, 본래 해야 할 연구에는 손을 대지 못하는 상황에 빠진다.

그 귀결로 "연구 시간과 학술 연구 논문 수 감소. 교원의 부담 증가 및 기초 연구에의 영향, 대학 간 격차 불안" 같은 상황이 발생한다. 경쟁적 자금을 얻기 위해서 대학 연구자가 벤처기업가처럼 되고, 자금을 획득하는 데는 수완이 늘지만, 그만큼, 본래의 연구력이 떨어지게 된다. 이계는 그런데도 팀워크로 움직이기 때문에 자금 획득과 운용을 담당하는 사람과 연구 추진에 매진하는 사람이 분업하는 것도 가능할 것이다. 그러나 개인 작업을 기본으로 하는 문계에서는 자금 획득과 연구 시간 사이에 노골적인 반비례 관계가 성립된다.

5. '임무의 재정의'에서 문계의 미래는?

반복적으로 요구되는 '조직의 재검토'와 '기능별 분화'

국립대의 교육력·연구력을 강화하기 위해서는 어떻게 하면 좋을까. 문과성과 중앙교육심의회중교심가 제시한 것이 "조직의 재검토"라는 방향이다. 2015년 6월 8일의 통지에서도 "조직의 재검토"라는 표현이 있었는데, "조직의 재검토"는 문과성이 최근 줄곧 제언했다.

실제, 2010년 7월의 문서에서도, "각 법인에 있어 사회의 다양한 요구와 학문의 진전에 적절히 대응하는 교육, 연구, 조직 등의 재검토를 위해서 운영비 교부금의 배분 등을 통해 적극적인 지원에 노력하도록" 권장하고 있다. 핵심은 수행력이 좋은 데는 예산을 주는 한편 구태의연하게 개혁 노력을 하지 않는 곳에는 예산을 삭감한다는 것이다. 이 문서에는 "법인화의 장점을 활용하여, 각 법인의 규모, 특성 등에 따라 사회의 요청 및 시대의 변화에 대응할 수 있도록, 필요한 교육 연구 조직의 적극적인 재검토를 꾀한다"라는 표현도 있는데, 반복적으로 "조직의 재검토" 필요성을 언급하고 있다.

이런 움직임과 함께 "기능별 분화"라는 개념도 "조직의 재검토"와 표리일체를 이루는 것으로 부상했다. 예를 들면, 국립대 법인화 1년 후인 2005년 1월의 중앙교육심의회 답신 「우리나라 고등교육의 장래 모습」에서는 이미 다음과 같은 조직의 재검토 방향성이 제시되고 있다.

대학은 전체로서 1. 세계적 연구·교육 거점 2. 고도 전문 직업인 양성, 3. 폭넓은 직업인 양성, 4. 종합적 교양교육, 5. 특정 전문 분야(예술, 체육 등)의 교육·연구, 6. 지역의 생애 학습 기회의 거점, 7. 사회 공헌 기능(지역 공헌, 산학관 협력, 국제 교류 등) 등의 각종 기능이 있는데, 대학마다 선택에 따라 보유 기능과 비중 두는 곳은 다르다. 그 비중 두는 곳이 각 기관의 개성·특색의 표현이 되어, 각 대학은 조금씩 기능별로 분화될 것으로 생각된다. (예를 들면, 대학원에 중점을 두는 대학과 교양교육·단과대학 형 대학 등) 18세 인구가 약 120만 명 규모로 감소하는 시기를 맞아, 각 대학은 교육·연구 조직으로서의 경영 전략을 명확히 할 필요가 있다.

이제는 획일적인 호송선단 식이 아니라 각 대학이 다해야 할 '기능'에 따라 차별화를 꾀해 나가야 한다는 제안이다. 게다가 이 답신은 대학의 '경영 전략'에 대해 언급하고, 앞으로의 대학은 경쟁 원리에 따라 살아나갈 수밖에 없으므로 제대로 된 경영 전략을 가지고 장래성 있는 부문을 중점적으로 강화해야 한다고 말하고 있다.

국립대가 처한 위기 상황

이상과 같이 2015년 여름의 '통지' 소동으로 부상한 논점은 대부분이 이미 국립대 법인화 전후에 나온 것이었다. 물론 문제는 15년 가까이 전부터 문제점과 과제가 명확했는데도, 많은 국립대에서 그런 문제점과 과제에 대해 유효한 개혁이 지속해서 전개되지 못한 것으로 보인다는 점이다. 이 '변하기 어려움'에 국립대의 또 한 가지 근본적 문제가 있다.

이렇게 21세기에 들어서 15년간 일본의 국립대를 둘러싼 상황은 어려움을 더해갔다. 2013년 11월에 문과성에서 낸「국립대 개혁 계획」은 2015년 6월 8일의 문과성 통지의 본보기 같은 것인데, 여기에서는 현재 국립대가 처한 배경으로서 세 가지를 거론하고 있다.

첫 번째, 세계화, 구체적으로는 대학의 교육·연구 양면에 걸친 세계적인 경쟁의 격화이다. 그리고 두 번째는 저출산 고령화, 세 번째는 신흥국가의 대두에 따른 지식 인재 획득 경쟁의 격화이다. 이런 심각한 상황에 부닥친 일본의 국립대가 개혁을 진행할 방향으로,「국립대 개혁 계획」에서는

① 세계화에 대한 대응
② 혁신 창출
③ 인재 양성 기능의 강화
④ 각 대학의 강점·특색의 중점화(대학의 기능별 분화)

라는 네 가지 방향성이 제시되었다.

이들 중에 특히 주목할 것은 네 번째의 기능별 분화이다. 이것

은 2015년 6월 8일의 통지에도 있는 "임무의 재정의"와 연결되는 것인데, 거기서 구체적으로는 ① 세계 최고의 교육 연구의 전개 거점(최첨단 연구 거점), ② 전국적인 교육 연구 거점(아시아를 선도하는 기술자·경영자), ③ 지역 활성화의 중핵적 거점(지역사회의 두뇌집단)이라는 세 가지 형태가 제시되고 있다. 각 국립대는 이 세 가지 종류 중 어디에 자신들을 위치 짓는 형태로 자신의 임무를 재정의하도록 요구받았다.

"임무의 재정의"는 대학으로서의 정체성을 재정의하는 것이다. 의학부라면 "초고령화와 세계화에 대응하는 인재의 육성, 의료 혁신의 창출에 따라 건강 장수사회의 실현에 이바지한다는 관점에서 기능 강화를 꾀하기", 또 공학부라면 "성장 원동력이 되는 인재 육성 및 산업 구조의 변화에 대응하는 연구 개발의 추진이라는 요청에 부응하기 위해 '이공계 인재 육성 전략'가칭에 근거하면서 대학원을 중심으로 교육 연구 조직의 재편·정비 및 기능의 강화를 꾀하기"처럼, 이공의학계는 대체로 발전 확대 방향으로의 재정의이다.

한편, 교원 양성계 학부의 "임무의 재정의"에서는 "교직 대학원에의 중점화 등", "실천형 커리큘럼으로의 전환", "학교 현장에서의 지도 경험이 있는 대학 교원의 채용 증가" 같은 것도 있지만, 기본적으로는 "양적 축소를 꾀하면서 초등, 중등 교육을 맡는 교원의 질 향상을 위한 기능 강화를 꾀하기"처럼 조직의 축소를 지향하는 내용이다.

문계 개혁의 방향성이 보이지 않는다

이처럼 「국립대 개혁 계획」에서는 학부의 형태마다 몇 개의 임무 재정의의 예가 거론되고 있다. 이계에 대해서는 비교적 방향성을 보이기 쉽고, 저출산 고령화 사회에서 교육학계의 축소도 방향은 반대이지만 방향성은 명확하다.

문제는 인문사회계에서는 교육학계를 제외하고, 이런 "임무의 재정의"의 구체적인 예를 거의 보여주지 않는다는 점이다. 문과성에서도 인문사회과학계 학부가 필요하다는 인식은 있고, 그것은 다양한 문서에서 반복적으로 언급되고 있다. 하지만 문계를 존속시키기 위해서 어떻게 하면 좋은가 하는 방향성을 보여주지 못하고 있다.

아마도 많은 인문사회계에서 연구자 개개인이 자기 왕국의 왕이라는 사실이 여기에 영향을 주고 있을 것이다. 조직과 팀의 논리가 강력한 이계와 달리, 개인플레이의 성격이 농후한 문계는 설령 대학 총장과 문과성이 호령해도 각자가 현상을 바꿀 필요성을 느끼지 않으면 움직이지 않는다. 급여가 확보된 정년 보장 교원의 경우 무리해서 조직을 바꾸지 않아도 자신들의 기반에 해가 가지는 않는다.

하지만 그렇게 해서는 새로운 연구비를 획득하는 경쟁에서 이

길 수 없으므로 조직의 경제적 기반은 약해지는 한편, 점점 괴로워지면서 발전을 지향하기보다는 기존의 것을 지키는 방어적 자세를 취하기 쉽다. 그러므로 국립대로서 부지런히 지켜온 문계학부의 전통을 지키고 그것을 바꾸려는 힘에 맞서 저항하는 모습이 2004년의 국립대 법인화 이후 많은 문계학부와 교원 간에 오히려 강해졌다. 하지만 그렇게 해서는 갈수록 줄어드는 예산이 확대될 리가 없으므로 미래가 보장되지 못한다. 그 결과, 이번에는 정책 담당자 측에서 법인화 이후 국립대의 "문계는 조직 개혁이 잘 이뤄지지 못했다"는 인식이 생겨났다.

그 일례로, 2008년 3월의 「학사 과정 교육의 구축을 향해(심의 요약)」라는 중교심 보고를 들 수 있다. 거기서는 "우리나라 학사 과정에서는 인문·사회계 학과에 속하는 학생이 전체의 약 반수를 차지하고 있는데, 이들 분야에서의 교육과정의 체계화·구조화를 향한 제도가 충분히 진척되지 못하고 있다"는 지적이 나왔다. 하지만 이런 지적이 나와도 문계학부 내부에서 위기 상황을 극복하려는 움직임은 나오지 않았다.

2015년 6월 8일의 통지에 대해서는 "문계는 더 변하지 않으면 안 된다"는 문과성의 일종의 협박이 아닌가 하는 견해도 있었지만, 좀처럼 변하려고 하지 않는 문계학부에 대한 문과성의 답답함은 분명하다.

'혁신'의 흐름에서 뒤처진 문계

제2차 아베 정권 이후의 대학 교육을 둘러싼 논의 움직임에는 종래 일본의 대학 교육 정책의 중심적 존재였던 중교심에 덧붙여, 교육재생실행회의와 산업경쟁력회의라는 두 개의 전문가 회의가 큰 발언권을 쥐게 되었다.

예를 들면, 2014년 12월의 산업경쟁력회의 「혁신의 관점에서 본 대학 개혁의 기본적 사고 방향」은 "중장기 경제 성장을 지속해서 실현하면서, (…중략…) 신기술을 가진 대학의 지식 창출 기능의 강화, 혁신 창출력의 강화, 인재 육성 기능의 강화가 요구되며, 대학 개혁의 한층 가속이 경제 성장을 실현하는 열쇠가 된다"라고 말하고, 특히 "개혁을 이끄는 대학의 중점 지원을 통해 대학(대학 간 및 대학 내)의 경쟁을 활성화하는" 것이 중요하다고 주장하고 있다. 즉 국제적인 경쟁력의 기반인 혁신은 대학의 기초력에서 생기므로, 대학의 기초 연구에 대한 지원을 강화하고 예산을 차등 배분하여 대학 간 경쟁을 한층 촉진해야 한다는 사고방식이 몇 번이나 강조되고 있다.

여기에 제시된 논리는 "대학의 연구에 대한 예산을 한층 충실하게 하지 않으면 일본의 미래는 없다"는 이계 대학인의 적극적인 호소이다. 문계만큼 현저하지는 않지만, 법인화에 의해 기초적 연구력이 위기에 놓인 것은 이계도 마찬가지여서, 그것을 타파하기 위한 전략을 명확히 제시한 것이라고 말할 수 있을 것이다.

구체적으로는 일부의 최상층 엘리트대학을 '특정연구대학'으로 취급해 "일본의 장래를 맡은 인재를 육성하는 탁월대학원, 탁월연구원 제도를 창설"하는 것을 제안하고 있다. 이에 따라 젊은 연구자의 임기를 지금처럼 3년, 5년으로 제한하지 않고 "장기 고용을 보증하는 연구원을 일정 규모로 확보하는" 것이 가능해졌다.

국립대 법인화 이후 대학의 미래상에 대해서는 중교심, 산업경쟁력회의, 교육재생실행회의 등에서 다양한 제안이 나왔으나, 이계 중심의 관점에서 일본의 대학의 혁신력을 어떻게 강화할 것인가 하는 방향에서 어느 정도 결정이 났다고 말할 수 있을 것이다. 하지만, 문계는 그런 커다란 흐름에서 뒤처졌다. 혁신 강화에 따른 문계의 역할은 무엇인가 하는 논의의 조직에는 한계가 있다. 왜냐하면 거기서 논의돼 온 '혁신'과는 다른 가치 축을 문계는 본질적으로 내포하고 있기 때문이다. 문계는 단순한 혁신을 넘어선 가치를 기축으로 하여 어떤 구체적인 방향성, 유효한 진흥책을 제시할 것인가에 대한 해답은 명확하지 않은 채, "문계는 어떻게 해야 하는가?"라는 질문에 누구도 답을 할 수 없는 상태에 놓여 있다.

'문계학부 폐지' 소동에서 알게 된 것

이 장에서 봐온 것을 정리하면 다음의 다섯 가지이다.

① '문계학부 폐지'론을 증식시킨 것은 매스컴이다.

② "교원 양성계, 인문사회계 폐지를 시야에 두고 있는 조직의 전환"이라는 과제는 이미 국립대 법인화에 동반한 "임무의 재정의"라는 흐름에서 수년 전부터 제시된 것이지, 2015년 6월에 돌연 제시된 것이 아니다.

③ 법인화 후 국립대의 ㉠ 자금 획득력, ㉡ 혁신력, ㉢ 세계화 대응 중시의 대학 개혁의 흐름에서 많은 변혁이 이계 중심의 관점에서 전개되었고, 문계는 시대에 뒤처졌다는 인식이 사회 전체에 있다.

④ 일반 사회에 "이계는 도움이 되고, 문계는 도움이 안 된다"는 통념이 만연해왔다.

⑤ 문과성도 매스컴도 정부의 여러 회의도 누구도 미래의 '문계' 진흥에 유효한 구체적인 방향성을 제시하지 못하고 있다.

지금까지 본 것처럼 문과성은 2015년 6월 8일의 통지에서 "문계학부를 폐지한다"라고 말하지 않았다. 그런데도, '문계학부 폐지'라는 말이 유포되었던 것은 통지가 나온 배경을 살펴보거나 이해하려고도 하지 않고, 아베 정권 비판의 하나로서 보도를 확대한 매스컴의 책임이 가장 크다고 할 것이다.

하지만, 일본의 국립대 문계가 처한 상황이 상당히 심각한 것이 현실이고, 문계학부 자체가 안고 있는 문제점도 크기 때문에, '문계학부 폐지' 보도가 현실성을 가지고 받아들여질 소지가 있었던 것도 확실하다. 거기서는 "이계는 도움이 되지만, 문계는 도움이 안 된다"는 보통 사람들의 통념이 크게 작용하고 있는데, 그것이 어떻게 틀렸는가를 명확히 하고, 미래의 대학 교육에서 문계가 무엇을 해야 하는가라는 방향성을 제시하는 것이 본서의 목적이다.

그래서 제2장 이후에는 앞에서 쓴 ④와 ⑤에 대해 상세하게 논하고자 한다. 이번 '통지'에 대한 대학인의 비판 중에 "문계는 도움이 안 될지는 모르지만 가치는 있다, 그러므로 버리는 것은 좋지 않다"라는 말이 있었다. 하지만 이 비판은 문계 사람 스스로가 "문계는 도움이 안 된다"는 '상식'을 받아들이고 있다는 점에 상당히 문제가 있다. 그만큼 뿌리 깊이 박힌 잠재의식이라고 하겠지만, 이 '상식' 그 자체를 전복시키지 않으면, '벌이가 되는가 안 되는가'로 모든 것이 결정된다는 신자유주의의 커다란 흐름에 문계학부는 저항할 수 없다.

제2장

문계는 도움이 된다

1. "도움이 된다"는 것은 어떤 것인가

"도움은 안 되지만 가치는 있다"는 것은 정말인가?

이 장에서는 우선, 제1장에서도 문제 삼은 "이계는 도움이 되지만 문계는 도움이 안 된다"는 통념의 도대체 어디가 문제인가 하는 점을 명확히 해보고자 한다.

이번 '문계학부 폐지'론에 대한 반론에서도 "문계는 도움은 안 되지만 도움이 안 되는 것도 소중하다"고 주장해서 문계 지식을 옹호하려는 논의가 눈에 띈다. 그 한 예로, 『주간 금요일』2015년 8월 21일호에 게재된 데라와키 켄寺脇研 씨교토조형예술대 교수와 히로다 테루유키広田照幸 씨니혼대 교수의 대담 「대학은 돈벌이를 위해 있는 게 아니다!」를 일부 소개한다.

데라와키   나 자신 확실히 단언할 수 있어요. 내가 대학에서 가
         르치는 만화론과 영화론 따위, 어디에도 도움이 안
         된다고. '경제 효과'라는 것도 관계없다고. 똑같은 이
         야기를 전국의 대학 선생이 할 것입니다.

히로다   대학이 '경제'의 도구가 아니라는 것은 전적으로 옳
         아요. 내가 말하고 싶은 것은 인문·사회계에 '경제
         효과'를 요구하는 건 이상하지만, 단기적으로는 모르
         겠지만, 장기적으로는 그런 '효과'가 확실히 있다고.

데라와키   하지만, 만화론도 프랑스문학도 인도철학도 좋지만,
         이런 것은 '경제 효과' 이야기가 아니라는 인식을 사
         회에 확산시켜야 합니다.

히로다   아니, 철학 같은 것이야말로, 실은 새로운 아이디어
         의 보고입니다. 현상의 본질을 추상적인 개념으로 논
         리적으로 생각하는 것이니까요. 긴 안목으로 보면,
         이런 사색이야말로 새로운 아이디어를 낳습니다. 그
         런 의미에서 '경제 효과' 측면에서 보더라도 확실히
         의미가 있습니다.

두 사람의 입장은 "문계 지식은 소중하다", "단기적인 경제 효
과 측면에서 문계 지식의 가치를 측정해서는 안 된다"는 점에서
일치하고 있는데, 애초 문계 지식에 사회적 효과가 있어야 하는

가 아닌가에 대해서는 눈에 띄는 견해가 보인다. 데라와키 씨가 "경제 효과 등과는 완전히 관계없이 문계 지식의 가치를 인정해야 한다"고 말하는 데 반해, 히로다 씨는 "문계 지식에도 장기적 그리고 넓은 의미에서의 사회적 효과는 충분히 있으며, 그것을 제대로 보여주어야 한다"고 생각하고 있다.

일련의 문과성 '통지'에 대한 비판으로, 데라와키 씨의 의견과 같은 입장에서 "사회에 '도움이 되는' 것은 대학이 아니라 직업훈련학교에 요구해야 한다"는 종류의 논의도 다수 보였다. 하지만, 대학의 학문은 정말로 사회적 유용성에서 벗어나, 연구자에게 '본질적인' 가치가 있으면 그만인 것일까. 나는 그런 생각이 잘못이라고 생각한다.

즉, "문계는 도움이 안 되니까 필요 없다"는 의견에 반대하기 위해 "문계는 도움은 안 되지만 가치는 있다"는 대립 축을 세우는 것으로는 "이계는 도움이 되니까 가치가 있다"는 논의에 대항할 수 없다. 그렇다면 '문계'는 '이계'의 유용성에 양념을 치는 정도의 입장밖에 주장할 수 없다. 오히려, 히로다 씨가 주장한 것처럼 문계 지식이야말로 길고 넓은 미래를 위해서 "도움이 되는" 것이어야 하는데, 실제로 "도움이 된다"는 것을 더욱더 사회에 보여주어야 한다.

대학은 나라에 봉사하는 기관이 아니다

다만, 지식인 사이에 비교적 널리 퍼진 '도움이 되는' 것에 대한 이런 반발에는 마침 문과성 '통지'에 대한 비판이 분출되기 직전, 아베 총리가 국립대에 국기 게양, 국가 제창에 대해 "(국립대가) 세금에 의해 꾸려간다는 점을 고려하면, 소위 신교육기본법의 방침에 따라 올바르게 실시되어야 한다"4월 9일, 참의원 예산위원회고 말한 통제적 태도에 대한 반발도 포함되어 있다고 할 것이다. 요약하자면, "국립대에는 나라가 돈을 대고 있으므로 나라를 위해 도움이 되어야 한다"는 주장이다.

이 주장은 여러모로 잘못됐다. 왜냐하면 국가 세금은 애초 국민에게서 나오는 것으로, 납세 의무라면 국민에게 설명의 책임이 있다. 즉 국립대는 각각 어떤 방침에 기반을 두고 학생을 선발하여 교육하며 사회에 내보내고 있는가를 국민에게 설명할 책임을 지고 있다—이것이 애초 세금을 내는 국민에 대해 국립대가 지고 있는 의무이다. 어떻게 생각해도, "세금에 의해 꾸려지고 있으므로 국가에 봉사해야 한다"라고 할 수 없다.

게다가 여기서 문제는 그것만이 아니다. 왜냐하면 내가 지금 굳이 "설명 책임"이라는 말을 사용한 것처럼, 국립대는 국민의 세금으로 꾸려진다고 해도, 국민의 원망과 요청의 실현을 위해 봉사하는 조직이 아니기 때문이다. 예를 들어 많은 일본 국민은 일본 학자가 노벨상을 받기를 바란다. 그렇다고 국립대가 한 명이라도 많은 일본인이 노벨상을 받을 수 있도록 그 대학의 연구 체제를 바꾼다면, 이것은 심한 본말전도다. 대학에서 노벨상은 결과이지 목적일 수는 없다. 대학은 올림픽 선수 양성 기관 같은 조직과는 근본적으로 다르다. 다양한 세계적 상을 받아 명성을 날리는 사람이 대학에서 나온다 하더라도 그것을 목적으로 대학이 있는 것은 절대로 아니다.

마찬가지 이야기가 사립대에도 해당된다. 사립대로서는 학생의 수업료 수입은 대학 예산의 중요한 부분을 차지하고 있는데, 그렇다고 해서 사립대가 수업료를 내는 학생과 그 보호자의 원망과 요청만을 듣고 교육을 하고 성적을 준다면 그 대학의 교육과 연구는 점점 약화할 것이다. 물론 어떤 경우에도 학생과 보호자에 대한 설명 책임이 대학에 있는 것이지만 설명 책임을 지는 것과 봉사하는 것은 다르다.

즉, 대학은 일반 기업이나 상점과 그 점에서 근본적으로 달라서, 대학의 목적, 가치는 나라에 순종하는 학생을 기르는 것도 그 부모의 기대를 구현하는 젊은이로 양성하는 것도 아니다. 대학은 보호자와 국민에 대해 학생들을 훌륭하게 기를 의무를 지고 있으나, 그 "훌륭함"의 기준은 보호자와 일반 국민이 통념으로 생각하고 있는 것과 일치하는 것이라 할 수 없고 통념에 따라야 할 필요도 없다.

대학은 인류적 보편성에 봉사한다

여기서 중요한 것은 애초 "도움이 된다"는 것은 단순히 국가와 산업계만을 위해서 "도움이 된다"는 것만은 아니다. 국민국가와 근대적 기업보다는 훨씬 오랜 역사를 가진 대학은 국가와 산업계에 봉사하기 위해 생긴 기관은 아니다. 그 한편으로, 대학은 애초부터 자기 목적적으로 학문 그 자체를 목적으로 하는 기관이었던 것도 아니다. 대학이 뭔가를 위해서 "도움이 된다"는 것은 이 기관의 성립 요건의 하나였다. 애초, 그것은 신을 위해 "도움이 된다"신학는 것과 사람들의 건강을 위해 "도움이 된다"의학는 것이었을 것이다. 하지만 조금 더 일반화하면, 대학은 인류와 지구사회의 보편적 가치를 위해 봉사하는 지식의 제도로서 발달해왔다.

이미 졸저 『대학이란 무엇인가』이와나미신서, 2011에서 자세히 논했지만, 12~13세기 서구에서 그리스도교적 질서 아래에 대학이 생겼다. 당시 중세도시의 전 유럽적 관계망으로 확대된 서구 중세 사회에 있어 다른 가치가 충돌하는 중에 '보편적 가치란 무엇인가' 하는 의문이 제기되었다. 그런데 가치의 보편성을 탐구하는 기관이 그리스도교 사회에도 근대사회에도 필요했다. 그 때문에 800년 이상에 걸쳐 대학이 존속해온 것인데 그 보편성은 인류적인 것이다. 대학이 보편적 가치의 탐구를 지향하는 것이 돌고 돌아 사람들을 위한 것이 된다는 사고방식을 유럽은 받아들여 왔다.

인류적 가치란 오늘날에는 세계적 가치라는 것이기 때문에,

대학은 세계적인 가치와 국민사회를 매개하는 역할을 맡고 있다. 소위 미디어이다. 단순히 정부와 국민에 순종하는 역할일 수 없는 것이다. 인류성, 보편성, 세계성은 대학에 있어 근본적인 것이다. 즉 대학은 오늘날의 용어로 말하자면, 무엇보다도 "세계적 탁월(우수함, 장점)의 실현"에 봉사하지 않으면 안 된다. 설령 국가에 비판적이더라도 국민적 통념과 대립하더라도 진실로 창조적으로 지구적 가치를 창조할 수 있는 연구자와 실천가를 기르는 것이 대학이 사회에 대해 의미 있는 책임을 다하는 방법이다.

2. '도움이 된다'의 두 가지 차원

목적 수행형 유용성과 가치 창조형 유용성

이처럼, 대학의 지식이 "도움이 된다"는 것은 반드시 국가와 산업에 대해서만은 아니다. 신에 대해서 도움이 된다는 것, 사람에 대해서 도움이 된다는 것, 그리고 지구사회의 미래에 도움이 된다는 것. 대학의 지식이 지향해야 할 방향에는 몇 가지 수준의 차이가 있는데, 그때그때 정권과 국가 권력, 근대적 시민사회라는 임계를 넘어서고 있다.

그리고 그 다층성은 시간적 폭의 차이도 포함하고 있다. 문계 지식에 있어, 3년, 5년으로 곧바로 도움이 되는 것은 어려울지 모른다. 하지만 30년, 50년의 중장기적 시간이라면 공학계보다도 인문사회계 지식이 도움이 될 가능성이 크다. 그러므로 "인문사회계 지식은 도움이 안 되지만 소중하다"는 논의가 아니라 "인문사회계는 장기적으로도 도움이 되므로 가치가 있다"는 논의가 필요하다.

이를 위해서는 "도움이 된다"는 것은 어떤 것인가를 깊이 생각해봐야 한다. 대체로 말하면 "도움이 된다"는 것에는 두 가지 차원이 있다. 첫 번째는 목적이 이미 설정돼 있고, 그 목적을 실현하기 위해 가장 뛰어난 방법을 찾아내는 목적 수행형이다. 이것은 이계적 지식으로 문계는 여기에는 서투르다. 예를 들면 도쿄와 오사카를 왕복하기 위해서 어떤 기술을 조합하면 가장 빠르게 갈 수 있는가를 생각해서 개발된 것이 신칸센이었다. 또 최근에는 정보공학에서, 더욱 효율적인 빅데이터 처리와 언어 검색 시스템이 개발되었다. 어느 것도 목적은 주어져 있고, 그 목적 달성에 "도움이 되는" 성과를 올리고 있다. 문계 지식에 이런 눈에 띄는 성과 달성은 어려울 것이다.

하지만, "도움이 된다"는 것에는 실은 또 다른 차원이 있다. 예를 들면 본인은 어떻게 해야 할지 모른다 해도, 친구와 교사가 말해준 한 마디에 따라 영감을 얻어, 골칫거리 문제를 한꺼번에 해결하는 예도 있다. 이 경우, 무엇이 목적인지 처음에는 모르지만 그 친구와 교사의 한마디가 나아가야 할 방향, 소위 목적과 가치의 축을 발견하게 하는 것이다. 이렇게 해서, "도움이 되는" 가치와 목적 자체를 창조하는 것을 가치 창조형이라고 부르고 싶다. 이것은 도움이 되는 것과 사회가 생각하는 가치관 그 자체를 재고한다든지 새롭게 창조한다든지 하는 실천이다. 문계가 "도움이 된다"는 것은 많은 경우 이 후자의 의미이다.

막스 베버Max Weber에게서 새로 배운다

고전적 논의에서는 독일 사회학자 막스 베버의 "목적 합리적 행위"와 "가치 합리적 행위"라는 구분이 있다. 거기서, 베버는 합리성에는 "목적 합리성"과 "가치 합리성"의 두 가지가 있다고 말했다. "목적 합리성"이란 어떤 목적에 대해 가장 합리적인 수단 연쇄가 조립된다는 것임에 반해, "가치 합리성은 어떤 목적에 대한 것이라기보다도 그 자체로 가치를 지닌 활동이다".

베버가『프로테스탄티즘 윤리와 자본주의 정신』에서 논했던 것은 프로테스탄티즘 윤리는 가치 합리적 행위라는 것인데, 그 행위 연쇄가 결과적으로 매우 목적 합리적인 시스템인 자본주의를 낳고, 이윽고 그 가치 합리성이 상실된 후에도 자기 전회를 계속한다는 통찰이다. 거기서 강조된 것은 목적 합리성이 자기 완결적 시스템은 언젠가 가치의 내실을 잃어버려 화석화되지만, 목적 합리적 행위 자체가 그 상태를 안에서부터 바꿀 수는 없다는 암담한 예언이었다. 베버는 그처럼 공소해진 시스템을 돌파하기 위해서 가치 합리성과 카리스마라는 시스템에의 다른 개입 회로를 생각하려고 했다.

지금 봐도 훌륭한 베버의 이 고전적 통찰이 보여준 것처럼, 목적 수행형 유용성, 즉 "도움이 된다는 것"은 주어진 목적과 가치가 이미 확립되어 있고 그 달성 수단을 생각하는 데 유효하지만, 그 시스템을 안에서부터 바꿀 수는 없다. 따라서 목적과 가치 축 그 자체가 변화할 때, 순식간에 쓸모가 없어진다.

가치 축은 반드시 변화한다

즉, 목적 수행형 또는 수단적 유용성으로서의 "도움이 된다"는 주어진 목적에 대해서만 도움이 된다. 만약 목적과 가치 축 그 자체가 변해버렸다면, "도움이 된다"고 생각해서 낸 답도 어느새 가치가 없어진다. 그리고 실제 이런 일은 반드시 일어난다.

가치의 축은 결코 불변이 아니다. 수십 년 단위로 역사를 보면, 정말로 가치의 척도가 변화해왔다는 것을 알 수 있다. 예를 들면, 1960년대와 현재는 가치 축이 완전히 다르다. 1964년 도쿄올림픽이 개최될 때에는 "더욱 빠르게, 더욱 높이, 더욱 강하게"라는 점진적 가치 축이 당연했기 때문에, 그 축에 있었던 "도움이 되는" 것이 요구되었다. 신칸센도 수도고속도로도 그런 가치 축에서 보면 추구돼야 할 '미래'였다. 초고층 빌딩부터 해안 개발까지, 성장기 도쿄는 그런 가치를 계속 추구했다. 하지만 2000년대 이후 우리들은 조금 다른 가치관을 갖기 시작했다. 오래 사용하거나 재활용하거나 천천히, 유쾌하게 시간을 들여가며 도움이 될 만한 것을 재검토하기 시작한 것이다. 가치의 축이 바뀐 것이다.

종종 이야기되는 것은 소니의 워크맨과 애플의 아이패드/아이폰의 차이다. 소니는 왜 애플이 되지 못했는가를 생각할 때 소니는 기존 가치 축을 순화純化시켰다. 즉 워크맨은 스테레오 청취 기능을 특화해 그것을 모바일화했다. 그런 의미에서 상당히 혁신적이었으나, 워크맨은 어디까지든지 스테레오였다. 하지만 아이패드/아이폰은 PC, 그리고 휴대전화라는 개념 자체를 바꿔버렸다. 의사소통이 어떤 것인가, 거기서 어떤 기술이 필요한가 하는 사고방식에서 과학기술의 개념 그 자체를 바꿔버렸다. 이것이 가치 축이 변화했다는 것이다. 5년, 10년으로는 안 바뀌겠지만, 더 오랜 기간으로 보면 반드시 가치 축은 전환한다.

소니뿐만 아니라 주어진 가치 축의 틀 안에서 워크맨처럼 훌륭한 제품을 만드는 것은 일본의, 특히 공학계의 장점일 것이다. 하지만 아이패드/아이폰의 예가 보여주듯이 가치 전환을 이룬다는 것은 개념의 틀 그 자체를 바꿔버린다는 것으로, 주어진 틀 안에서 훌륭한 것을 만들어낸다는 것과는 다른 차원의 이야기이다. 커다란 역사의 흐름 속에서 가치의 축 그 자체를 전환해버리는 힘, 또 그것을 대담하게 예견하는 힘이 약한 것이 일본 사회의 특징인데, 그것이 일본이 지금도 '뒤쫓기'를 할 수밖에 없는 주요인이라고 나는 생각한다.

이계와 문계의 "도움이 된다"는 다르다

모든 것이 그렇지는 않겠지만, 대체로 이계 학문은 주어진 목적에 대해서 가장 "도움이 되는" 것을 만든다, 목적 수행형의 지식인 경우가 많다고 생각한다. 그리고 그런 수단적 유용성에서는 문계보다도 이계가 훌륭한 점이 많다는 것도 사실이다. 하지만, 또 하나의 가치 창조적으로 "도움이 된다"는 점에서는 어떨까.

목적 수행형 지식은 단기적으로 해답을 내기를 요구받는다. 하지만, 가치 창조적으로 "도움이 되기" 위해서는 장기적으로 변화하는 다원적 가치의 척도를 시야에 넣는 힘이 필요하다. 여기에 문계 지식은 짧아도 20년, 30년, 50년, 때에 따라서는 100년, 1,000년이라는 총체적으로 긴 시간 속에서 대상을 궁구해왔다. 이것이야말로 문계 지식의 최대 특징이라고 할 수 있는데, 오히려 그래서, 문계 학문에는 오랜 시간 속에서 가치 창조적으로 "도움이 되는" 것을 낳을 가능성이 있다.

또, 다원적 가치 척도 속에서, 그때그때 최적의 가치 축으로 전환하기 위해서는 각자의 가치 축에 대해 거리를 두고 비판하는 게 필요하다. 그렇지 않으면 하나의 가치 축에 빠져 그것이 새로운 것으로 바뀔 때 전혀 대응할 수 없게 될 수도 있을 것이다. 예를 들면 과거 일본이 경험한 것처럼 "귀축미영鬼畜米英"하면 일제히 "귀축미영"하고, "고도성장"하면 모두가 "고도성장"을 향해 달려가서는 절대로 새로운 가치는 생기지 않는다. 오히려 그렇게 해서 모두가 추구하는 목표가 시대에 맞지 않을 경우, 새로운 가치를 발견하는 것도 불가능해지고 어디를 향해 방향을 돌려야 좋을지 아무도 모른다.

가치 척도가 극적으로 변화하는 현대, 전제한 목표가 일순간에 뒤집히는 일은 드물지 않다. 그런 와중에 어떻게 새로운 가치 축을 만들어 낼 수 있을까. 혹은 새로운 가치가 생겨났을 경우, 어떻게 할 것인가. 그것을 생각하는 데는 목적 수행형 지식만으로는 안 된다. 가치 축을 다원적으로 포착하는 관점을 가진 지식이 아니면 안 된다. 그것은 주로 문계 지식이다.

왜냐하면 새로운 가치 축을 낳기 위해서는 현존 가치 축, 즉 모두가 자명하다고 생각하는 것을 의심하고 반성하고 비판하며 다른 가치 축의 가능성을 발견할 필요가 있기 때문이다. 경제 성장과 신 성장 전략이라는 자명한 목적과 가치를 의심하고 그런 자명성을 벗어나는 시점이 없다면 새로운 창조성은 나올 수 없다. 그런데 문계 지식이 절대적으로 필요하다고 하더라도, 이계 지식은 도움이 되지만, 문계 지식은 도움은 안 되지만 가치는 있다는 식의 논의는 잘못이라고 나는 생각한다. 이계 지식은 짧게 도움이 되는 경우가 많고, 문계 지식은 오히려 길게 도움이 되는 경우가 많다.

3. '인문사회계', '교양', '교양과목'의 차이

'문계＝교양'이라는 오해

여기서 논의를 일보 더 나아가기 전에 이번 인문사회계 옹호론의 다수가 애매하게 놔둔 또 하나의 논점에 대해 정리해둘 필요가 있다. 이번, 적지 않은 논자가 인문사회계와 교양교육, 더욱이 교양과목을 혼동해서, 문과성은 대학에서 교양교육을 없애려 하고 있다고 비판하고 있다. 예를 들면, 2015년 6월 17일 『요미우리신문』 사설은 "고전과 철학, 역사 등 탐구를 통해서 사물을 다면적으로 보는 눈과 다양한 가치관을 존중하는 자세가 길러진다. 대학은 폭넓은 교양과 깊은 통찰력을 학생이 몸에 익히도록 하는 곳이기도 하다"는 생각에서 "업무에 도움이 되는 실천력을 대학에서 연마해야 한다는 목소리"와 "영문학을 가르치기보다 영어 검정 시험에 고득점을 받을 수 있도록 지도하는 게 유익"하다는 목소리의 천박함을 비판했다. 이 비판 자체는 옳지만, 그런데도 여기에는 '교양'과 '문계'가 애매하게 겹치고 있다.

신문뿐만 아니라 경단련도 얼마쯤 이런 종류의 혼동을 해서, 제1장에서 다룬 그들의 '통지' 비판에서도 "기초적 체력, 공덕심에 덧붙여, 폭넓은 교양, 과제 발견·해결력, 외국어 의사소통능력, 자기 생각과 의견을 논리적으로 발표하는 힘 등이 필수적"이기 때문에, 산업계는 단순히 '응전력'을 요구하는 게 아니라는 점을 강조해왔다. 분명히, 여기서 경단련이 강조한 것은 교양교육과 뒤에 설명할 기능 형성을 위한 공통교육의 중요성이다. '교양'과 '기능' 옹호가 왜 '문계' 옹호에 직결되는가, 그 논리는 명확하지 않다.

더욱이 6월 29일 자 『니케이신문』에 게재된 이시 히로미츠石弘光 히토쓰바시대 대학원 원장의 담화에도 "대학은 학문을 통해 그 시대마다 사회적 요청과는 별개로 보편적으로 인류의 존립·발전, 사회 경제 시스템의 기반을 위한 지식 창조·전승을 행하는 장이다. (…중략…) 사물에 대한 통찰력을 심화시키고 다양한 가치관을 존중하고 스스로 인격 형성에 노력하기 위해서는 주로 인문사회과학에 입각한 폭넓은 교양이야말로 불가결하다"는 주장이 전개되고 '교양'과 '문계'를 겹쳐서 실용성 중시의 '문계 무용론'이 비판되고 있다.

그러나 인문사회계의 역할은 학생이 폭넓은 교양을 몸에 익히게 하는 데만 있는 것은 아니다. 인문사회계 지식을 성립시키는 것은 예를 들면 법학, 경제학, 정치학, 사회학, 인류학, 심리학, 역사학, 문학, 영화학 등으로, 이들 학문 영역은 각각 좁고 깊은 전문 지식이지 결코 폭넓은 교양 지식이 아니다. 그리고 "문계 불필요론"이 운운 되면서 문제가 되는 것은 단순히 교양 지식 이상으로, 인간과 사회에 대한 학문인 문계의 전문 지식이 정말로 "도움이 되는가" 하는 점이 아닐까.

'문계＝교양 지식'이라는 치환에 따라, '문계＝교양교육, 이계
＝전문교육'이라는 이항관계로 사물이 이해돼버리는 것은 상당
히 문제이다. 본래, 교양교육은 문계에 한정된 것이 아니고, 천문
학과 지리학, 생물학과 환경학 등 자연과학 지식도 포함된 것이
다. '깊은' 전문교육과 '넓은' 교양교육은 문계, 이계 양 쪽에 있
는 것으로, 실제의 학문 지식의 넓이는 두 개의 축과 네 개의 사
분면으로 형성된 것이다. 이러한 '문계'에 대한 오해의 근저에는
"문계의 전문교육은 도움이 안 된다"는 잘못된 전제가 있다고 생
각한다.

문계도 이계도 포함된 '교양과목'

'문계＝교양'이라는 개념의 혼동에 문제가 있을 뿐만 아니라,
'교양'이라는 개념의 이해가 상당히 애매한 것에도 문제가 있다.
실은 '교양과목'과 '교양'과 '일반교육'은 각각 미묘하게 다른 개
념인데, 다수의 경우, 이들은 구별되지 않은 채 논의된다. 최근에
는 '공통교육'과 '기능'이라는 새로운 개념도 더해져 복잡함이
더해졌다. 사람들이 넓은 의미에서 '교양'이라든가 '교양과목'이
라고 할 때, 이들 개념의 차이를 얼마만큼 인식하고 논의하고 있
을까에 대해 의문이다. '문계＝인문사회계'의 역할은 무엇인가
를 명확하게 하기 위해서도 넓은 의미에서의 '교양' 주변에 분포
된 이들 개념이 각각 어떻게 다른가를 제시하고자 한다.

이들 여러 개념 중에 '교양과목'은 가장 오래되어, 이미 고대에 이 개념의 핵이 존재하고 있었다. 보다 직접적으로는 '교양과목'은 12~13세기에 탄생한 중세의 대학 교육에 있어서 자유 7과문법학, 수사학, 논리학, 대수학, 기하학, 천문학, 음악를 가리킨다. 음악이 주요 과목에 포함된 게 재미있는데, 중요한 것은 이 7개 학문이 크게 두 개 집단으로 나뉜다는 점이다. 즉, 문법학, 수사학, 논리학은 말과 말을 조합시켜 입론하는 '말의 학문', 즉 문계에 가까운 학문이고, 대수학, 기하학, 천문학은 숫자와 모양을 조합하는 '수의 학문', 소위 이계에 가까운 학문이다. '교양과목'에는 이 두 방향이 포함되어 있는데, 그 구성비는 문계, 이계, 예술계가 3대 3대 1이다.

이 자유 7과목은 중세 대학의 발전과 함께, '학예학부Faculty of Liberal Arts'에서 '철학부Faculty of Philosophy'로 통합되었다. 현대의 철학에서는 문계 이미지가 상당히 강하지만, 본래 '교양과목'을 통합한 철학은 문계이기도 하고 이계이기도 한 학문이다. 예를 들면, 해석기하학의 원리를 확립한 데카르트René Descartes와 미적분법을 발견한 라이프니츠Gottfried Wilhelm Leibniz 같은 16~17세기를 대표하는 철학자들은 수학자이기도 했기 때문에, 요즘 식으로 말한다면 문계도 이계도 가능한 사람들이었다. 그들에게는 '교양과목＝철학'이었고, 거기에는 이계 지식과 문계 지식의 모두가 포함돼 있었다.

국민국가와 '교양'의 탄생

다른 한편, '교양' 개념의 성립은 '국민국가'의 형성, 그것과 함께 한 대학의 '제2의 탄생'과 분리할 수 없다. 19세기 초, 빈사 상태에 있던 대학은 민족주의의 고양高揚을 배경으로 극적인 '제2의 탄생'을 맞았다. 이 대학의 부활은 19세기 초 독일프로이센에서 일어났는데, 이 독일 발 새 대학 개념과 제도가 20세기에 미국을 중심으로 이동하면서 세계에 퍼져, 18세기에는 대학을 시대에 뒤처진 것으로 보이게 만들었던 전문학교와 아카데미 등의 제도를 삼키고 인류사상 최대의 연구 교육 체제로까지 성장하였다.

이 독일의 새로운 대학 탄생의 계기가 된 것은 나폴레옹Napoléon I에 대한 군사적 패배였다. 1804년에 황제의 지위에 오른 나폴레옹은 이듬해 영국과의 해전에서 패배했지만, 대륙에서는 무적의 진군을 이어가면서 유럽 전토를 제압했다. 패전국이 된 독일에서는 개혁 기운이 강해지고 피히테Johann Gottlieb Fichte는 1808년에 「독일 국민에게 고함」을 발표하였고, 1809년에는 훔볼트Karl Wilhelm von Humboldt가 대학 개혁에 착수하였고, 베를린대가 탄생하여 피히테가 초대 총장에 취임하였다. 나폴레옹의 유럽 지배가 계속되던 시대에 베를린대 탄생은 18세기 계몽사상을 이어받으면서도 독일을 프랑스 제국의 지배에서 해방해, 차세대를 새로운 국가 건설로 향하게 하려는 민족주의의 고양과 깊이 연결되어 있었다.

이 독일류의 민족주의는 대학이 지향하는 가치에도 명료하게 반영되어 있었다. 즉 프랑스가 든 '문명' 개념과 아카데미와 전문학교, 미술을 시작으로 한 새로운 지식 제도에 대항하여, 독일은 오히려 '문화＝교양Kultur' 개념을 들어, 이런 '문화＝교양'의 장소로서 대학을 새롭게 세우지 않으면 안 됐다.

18세기 말 이후, 프랑스가 백과전서파들의 계몽사상에서 프랑스혁명으로, 그리고 나폴레옹전쟁으로 동란의 시대를 살았던 데 반해, 독일은 군사·정치적으로 프랑스에 압박당하면서도 문화·학문적인 면에서는 계몽사상과 민족주의의 교착을 통해 동시대 유럽에서 최고의 지적 깊이에 도달했다. 철학자 칸트Immanuel Kant는 그 선구자인데, 피히테, 헤겔Georg Wilhelm Friedrich Hegel 같은 독일철학의 흥륭이 있었고, 문학에서는 괴테Johann Wolfgang von Goethe, 실러Friedrich von Schiller가 음악에서는 베토벤Ludwig van Beethoven이 등장했다. 근대의 대학과 '교양'의 이념은 이처럼 해서 프랑스 형 아카데미에 대항한 독일의 지적 달성의 전통을 잇고 있다.

실제로 빌 레딩스Bill Readings가 『폐허 속의 대학』호세이대 출판국, 2000에서 훌륭하게 논한 것처럼, 특수한 유용성에 대항해서 칸트가 보여준 보편적 이성이라는 개념은 이윽고 셸링Friedrich Wilhelm Joseph Schelling, 실러, 슐라이어마허Friedrich Ernst Daniel Schleiermacher 등에 의해 민족국가의 국민 이성의 개념으로 역사화＝국민화되었다. 대학 교육의 장에서 그러한 근대적 국민적 이성의 개념을 구현하는 것이 바로 '문화＝교양'이라는 사고방식이다. 그 경우,

대체로 말하자면, '문화Kultur'는 자연에서 이성이 향하는 역사적 과정을 지시하고, 그것이 개인의 발달 과정, 인격의 도야로서도 이해되는 것이 '교양Bildung'이다. 근대 대학에서는 학문적 연구 대상으로서의 '문화/자연'과 교육 목적으로서의 '교양/인격'이 통합되어야 한다고 한다. 그렇게 해서 19세기 이후의 대학은 국민국가의 발전과 인격적 이성의 발달을 겸하려는 경향이 내포되었다.

왜냐하면 근대산업사회는 통일된 '문화'를 단편화한 '문명'으로 바꾸고, 개인의 이해력의 한계를 넘어서 단편적 지식과 정보로 세계를 포화시키기 때문이다. 하지만 개인은 대학에서의 학습을 통해 오히려 지식의 본질적 통일성을 이해하려는 의지를 갖추고 '문화'의 유기적 전체성에 참가해야 한다. 그런 전체성을 향해 개인을 도야시키는 기관은 지금은 교회가 아니라 국가이며, 특히 그 지적 중추로서의 대학이다.

대학에서 배우는 지적 엘리트는 학문적 사고의 규칙을 획득함으로써 국가의 단순한 사용인이 아니라 오히려 그 자율적 주체가 되어야 한다. '문화=교양'을 통한 국민 주체와 국가의 일치─이런 사고방식이야말로, 이윽고 일본에 제국대의 창출을 담당한 모리 아리노리森有禮부터 전후 최초의 도쿄대 총장 난바라 시게루南原繁까지 민족주의자들을 사로잡고 놔주지 않았던 대학 이념이고, 그런 발상은 어떤 의미에서 앞에서 이야기한 '교양'을 옹호하는 여러 가지 논의에까지 이어지는 것이다.

'세계적인 교양'은 존재하는가?

이처럼 '교양'은 매우 국민국가적 개념이기 때문에, 흔히 말하는 '세계적인 교양'이라는 개념은 애초 모순을 포함하고 있고, 이것이 단단하게는 성립되지 않는 범주라는 점도 쉽게 이해될 것이다. 독일과 영국, 일본은 그 국민국가의 발전과정에서, 각각의 국민적 규범으로서의 '교양'을 창조했다. 독일에서는 앞에서 이야기한 대로 괴테와 실러의 문학, 칸트와 피히테, 헤겔의 철학, 베토벤의 음악은 그 규범적 교양에 포함될 것이고, 영국의 경우는 뭐라고 해도 셰익스피어^{William Shakespeare}의 연극일 것이다. 일본에서는 모리 오가이森鷗外와 나쓰메 소세키夏目漱石, 혹은 후쿠자와 유키치福澤諭吉가 포함될지도 모른다. "뭐 그 정도는 대학을 졸업해 놓고 읽지 않으면 부끄러운 거야!" 하고 예전이면 당연하게 생각된 '문화 자본으로서의 국민적 지식'이 '교양'의 내실이다.

하지만, 이것은 좀처럼 국경을 넘지 못한다. 그런데 현재는 철저한 세계화의 시대, 국민국가에서 지구사회로 지식의 사회적 기반이 뒤바뀌고 있는 시대이다. 어떤 대학 교육이라도 세계화, 다문화, 다언어, 인터넷이라는 환경 조건의 변화에 대응하지 못하면 이후 반세기도 살아남을 수 없다. '교양'과는 다소 다른 차원에서 '기능' 같은 개념이 부상해서 급속하게 확대되고 있는 것도 그런 징후이다. 지식의 내실이 문제가 되는 '교양'에 비해 뒤에서 설명하는 것처럼 어디까지나 기술에 조준된 후자는 국경을 넘는 게 쉽기 때문이다. 하지만 문제는 이런 기술 양성형 교육만으로, 미래의 대학 교육의 기초가 구축될 수 있을까 하는 점이다. '교양'은 분명히 근대 민족주의와 불가분으로 맺어져 발달해온 개념이지만, 그 내용물에는 어떤 '풍부함'이 있다. 이것을 그 깊은 곳에서 내파시켜 아무리 모순을 포함하고 있어도 '세계적인 교양'을 가능성으로서 제기하는 데 의미가 없다고는 할 수 없다.

4. 대학 기초 교육의 20세기적 변용

'교양'과 '일반교육'은 다르다

이상처럼, '교양과목'은 중세기부터 그리스도교 세계를 배경으로 한 개념, '교양'은 19세기 이후 특히 국민국가를 배경으로 발달해온 개념이다. 하지만, 20세기에 들어서면서 미국에서 '일반교육General Education'이라는 새로운 개념이 탄생하여 학부 교육단과대학에 침투하였다. 20세기 중반 이후, 미국의 단과대학은 비교적 유복한 시민층을 중심으로 한 유럽의 종합대학과는 달리, 더욱 폭넓은 국민 전체를 대상으로 했기 때문에(대학 교육의 '보편화'), 19세기적인 '교양' 개념에 머물지 않고, 일반 대중을 향해 기능하는 기초 교육적 조직을 필요로 했다. 여기에 등장하는 것이 '일반교육'이라는 사고방식이다.

미국의 학부 교육에서 '일반교육'의 보급에는 하나 더, 전문교육과의 대항이라는 논리도 작용했다. 미국의 대학에서는 '깊은' 전문교육을 담당하는 대학원Graduate School과 '넓은' 교양교육을 담당하는 학부College가 명료하게 구별되었고, '대학원'과 다른 '학부=단과대학'에서 교육 방침으로서 '일반교육'은 유용했다. 덧붙여 이 '칼리지'라는 영어, 영국과 미국에서는 크게 그 의미 내용이 다르다. 영국의 옥스퍼드대와 케임브리지대의 경우, '칼리지'란 '기숙사'로, 학생이 소속된 대학의 기본 단위이다. 일본의 '학부'에 가까운 의미이다. 하지만 미국의 경우, '대학원'이 독자적인 큰 발전을 이뤘기 때문에, '칼리지'는 그 '대학원'과 '고교'에 낀 '학부 수준'의 교육과정을 의미하게 되었다.

요시다 아야吉田文는 이 '일반교육' 과목의 전개를 고찰한 『대학과 교양교육』이와나미서점, 2013에서 일반교육의 초기의 원형적 모델로서, 1919년에 컬럼비아대에 개설된 '현대문명론'을 들고 있다. 이 과목의 설치 목적은 제1차 세계대전 후의 국제 정세 속에서 평화의 여러 문제에 대해 학생들이 이른 단계부터 종합적으로 배울 수 있도록 하자는 것으로, 오늘날 식으로 말하자면 '평화 구축'을 목적으로 한 학제적 과목이었다. 게다가 이 과목은 컬럼비아대 신입생 전원의 필수과목으로, 특히 군무에서 돌아온 학생들의 '교정적' 교육이 의도된 것이라고 한다.

'교양'이 근대산업 문명 속에서 국민의 인격을 도양·함양하기 위해 과거의 전통과의 연결을 강조한 것에 대해, '일반교육'은 인류의 미래 과제에 대응하는 능동적 지성을 갖춘 시민의 육성을 목표로 하고 있다고 할 것이다. 다소 난폭한 대략적 이해로서, '교양과목'이 중세적 귀족사회에 대응하고, '교양'이 근대적 부르주아사회에 대응하고 있다면, '일반교육'은 문자 그대로 현대적 민주주의 사회에 대응하는 것으로, 대중을 수동적 소비자가 아니라 능동적 시민으로서 어떻게 육성할 것인가 하는 과제를 짊어지고 미국의 단과대학 교육의 기초를 형성하고 있다.

이 일반교육의 이념과 커리큘럼은 일본의 많은 대학에서 지금도 건재하다. 미국에서 이런 이념의 도입이 이뤄진 것은 매우 일러서, 점령기, GHQ의 요청에 따라 파견된 미국 교육사절단이 결정적인 역할을 했다는 사실은 잘 알려져 있다. 동시에, 일본의 대학 측에 '교양'과는 다른 '일반교육'의 이념 도입에 커다란 역할을 한 것은 전후 초대 도쿄대 총장 난바라 시게루南原繁였다. 1940년대 후반, 총장이 된 지 얼마 되지 않은 시기에 그는 이런 일반교육이 종래의 교양교육과는 크게 다르다는 점을 이해했고, 그것을 도쿄대의 교육에 적극적으로 도입했다. 난바라는 동시대의 거물 자유주의자들의 다수가 구제舊制 고교의 유지를 기도하는 가운데, 오히려 구제 고교 폐지와 고등교육의 단선화, 그 결과로 옛 제국대에의 일반교육 도입을 확신을 가지고 추진했다.

이런 변화의 중심이 전후 도쿄대의 경우, 구제 일고一高를 병합하여 탄생한 도쿄대 교양학부였다는 점은 말할 필요도 없다. 난바라에게 도쿄대 교양학부의 탄생은 단순히 구제 고교의 병합으로 새로운 학부가 하나 생겼다는 수준의 것이 아니라, 신제新制 대학의 가능성의 모든 것이 여기에 걸려있다는 중대한 의미가 있었다.

난바라가 1949년 7월 7일, 신제 도쿄대 제1회 입학식에서 행한 식사는 결의에 차 있었다. 그는 전후 고등교육 개혁에 있어 "그 성패에 신 대학제도의 장래 운명이 걸려있는" 중심적 과제로서, 일반교육 과목도쿄대에서는 '일반교양과목'의 도입을 들었다. 그가 강조하는 것은 여기에 도입된 '일반교육'과 구제 고교의 엘리트 문화에 있는 '교양주의'의 차이다. 후자에서 가치를 둔 것은 교양 있는 엘리트의 육성이었다. 하지만 신제 대학의 일반교육이 목표로 하는 것은 다른 전문분야를 종합하는 힘이다. 그가 문제시한 것은 "현대의 학문이 그 새로운 과학적 발견과 기술을 전체 속에 포용하고 여기에 정신력을 삼투시키는 데 얼마나 무력한가 하는 사실"이다. 그중에도 원자력은 군사 이용이든 평화 이용이든, "우리가 그 연구와 이용을 학문과 인생과의 전체적 질서 속에서 잇고 멈추지 못한다면, 결국 문명의 붕괴와 전 인류의 파멸을 부를" 정도로 중대한 위험을 내포하고 있다.

난바라에 의하면, 이 복잡한 위험을 증대시키는 현대사회에서, 대학은 "개개의 과학과 기술이 인간사회에 적용되기 전에 서로 연관 지어서, 그 의의를 보다 종합적인 입장에 서서 이해하는 것"을 학생들에게 배우게 해야 한다. 즉, "일개 신사로서 사회인으로서 몸에 익혀야 할 장식으로서의 지식이 아니라, 바로 시대의 높이에서 살려고 하는 인간 생활의 기초적 조건"을 배우게 하는 게 필요하다.

여기서 요구되는 것은 "개개의 과학적 진리를 어디까지든지 탐구하고 추구하는 것 자체가 아니라 오히려 이미 알려진 지식을 각 분야 더욱이는 전체에 걸쳐서 종합하고 조직화"하는 힘이다. 일반교육은 "우리 시대가 도달한 소위 살아 있는 지식의 체계에 대해 알고 그것에 따라 우리 세대가 공유하는 문화와 문명의 전체 구조와 의미"를 파악할 수 있게 해준다. 왜냐하면 "일상의 생활에 있어 우리의 사유와 행동을 이끄는 것은 개개의 과학적 지식과 연구 결과이기보다는 오히려 그러한 일반교양"이기 때문이다.

'일반교육' 도입의 한계

하지만, 난바라가 그 가능성에 기대를 걸었던 '일반교육'은 전후 일본의 대학 교육에 내실 있게 정착되지 못했다. 1949년 신제 대학 발족 즈음에 아직 새로운 종합대는 모두 '일반교육'의 사고방식을 기초 교육의 근저에 두고 있었다. 이들 과목은 일반적으로 '일반교양과목'이라고 불렸는데, 그 내용은 '자연과학'과 '사회과학'과 '인문과학'으로 삼분되었다. 구제 고교의 엘리트 육성을 위한 '교양' 과목으로 바뀌어, "학생이 그 대학 과정의 기간에 사회과학 · 인문과학 · 자연과학이라는 인류 사고의 3대 부문에서의 방법과 업적에 관해 얼마간 지식을 획득하도록 보증한다"문부성, 「일본에 있어 고등교육의 재편성」, 1948는 방침이 세워졌다.

하지만, 1960년대 이후 이 삼분할된 '일반교양'의 틀은 조금씩 약화하였다. 1963년 중앙교육심의회 답신 「대학 교육의 개선에 대하여」는 "종전 후 행해진 교육 제도의 개혁 때문에, 우리나라 고등교육 기관은 하나같이 새로운 성격, 내용을 가진 대학이 되었는바, 그 실시 상황을 보면 우리나라의 실정에 비추어 여전히 검토가 필요한 여러 가지 문제가 있다. 또 최근의 산업 경제 및 과학기술의 발전에 비추어 개선을 바라는 경향이 적지 않다"라고 말하면서, 전후 교육 개혁이 일본의 실정에 맞지 않아서 산업계와 이계 분야에서 개선 바람이 나오고 있다는 점을 분명히 하고 있다. 거기서 문제가 되는 하나의 논점은 '자연과학', '사회과학', '인문과학'에서 같은 단위 수를 취득하도록 한 미국식 일반교육의 제도로, 그런 전 분야에 걸친 횡단성은 "전공 분야의 종류에 따른 특색이 고려되지 않는다"고 해서, "세 계열 간 과목 수, 단위 수의 배분은 전공 분야의 특색을 고려하여 정하도록 해야 한다"고 탄력성을 제언하고 있다.

즉, 이것은 단위 취득 수의 자유화를 의미하는 것인데, 그렇게 되면 예를 들어 이계 학생이 반드시 문계 분야의 기초도 배우고 문계 학생이 반드시 이계 분야의 기초도 배운다는 분야 횡단성이 약해진다. 1971년 중교심 답신 「이후 학교 교육의 종합적 확충 정비를 위한 기본적 시책에 대하여」에서는 이런 흐름이 한층 진전되었다. "이후에는 일반교육과 전문교육이라는 형식적 구분을 없애고 동시에 기성 학부·학과의 구분에 구애되지 않고 각각의 교육 목적에 따라 필요한 과목을 조직하는 종합적 교육과정을 생각할 필요가 있다"고 하여, 애초의 '일반교육' 개념은 조금씩 무너지고 실질적으로는 전문분야에 대한 도입 과정으로 '일반교육'이 자리 잡게 되었다.

'교양교육의 해체'는 왜 일어났는가

이런 움직임의 최종 단계가 1991년의 소위 '대학 설치 기준의 완화,' 「대학의 설치 기준의 일부를 개정하는 성령의 시행 등에 대하여」에 따른 교양교육의 실질적 해체이다. 완화는 "각 대학에 있어, 각각의 창의 고안에 따라 특색 있는 교육과정이 편성될 수 있도록, 일반교육 과목, 전문교육 과목 등의 수업 과목의 구분에 관한 규정을 폐지", 즉 전후 만들어진 일반교육 과목과 전문교육 과목의 구분을 폐지하는 것이었다.

'완화' 이전, 대학의 교양교육의 내용은 문부성에 의해 기본이 규정되었고, 대학의 판단으로 변경하는 것은 어려웠으므로, 그

제약이 교양교육의 최저 수준을 보증하고 있었다. '완화'는 대학의 일은 대학이 정해야 한다는 사고방식에 기반을 둔 제도 변경으로, '교양교육의 해체'를 의도한 것은 아니었다. 문부성은 일반교양교육의 내용을 문부성이 지도하지 않고 "각 대학에 있어 각각의 창의 고안에 따라 특색 있는 교육과정이 편성될 수 있도록" 하는 것이 바람직하다고 생각한 것으로, 그것이 '완화'의 취지이다.

하지만, 그런 자유화의 결과, 그때까지 교양교육을 담당하고 있던 교원들은 '교양'을 가르치기보다도 '전문'을 가르치는 것을 선택했다. 더욱이 이 완화와 거의 같은 시점에 진행된 대학원 중점화의 결과, 대학 교원의 기반도 전문조직으로 옮겨가 버려, 일반교양교육이 현저하게 약화하였다. 실제, 대학 교원은 각각 자신의 연구 분야가 있고, 그 분야의 연구로 평가받기 때문에, 자유로운 상태에서는 그런 '자기 분야'를 어떻게든 우선하게 된다. 총론에서는 교양교육의 중요성을 인정하면서도 개개의 교원들은 가르친다면 자기 전문분야를 가르치고 싶다고 다수가 희망하고 또 그렇게 행동했다. 이렇게 '일반교육 과목'이라는 구분이 없어지자 대학의 교양교육은 결과적으로 급속히 공동화되었다. '대학 설치 기준의 완화'에 의해 불만이 많고 답답한 교양교육의 제약을 자유롭게 했더니, 대학 선생들은 모두 자기 전문분야에 갇히는 쪽을 택했다.

수년 후, 이런 결과를 우려해서, 대학심의회나중에 중교심 대학분과회로 재편 답신「고등교육의 한층 개선에 대해서」1997가 나왔다. 거기서는 "교양교육은 고등교육 전체의 커다란 기둥이며 전 교원이 책임지고 맡아야 한다는 인식을 철저히 하는 것"이 필요하다고 하여, '완화' 이후 교양교육의 재검토를 진행한 대학에서는 "옛 교양학부에 바꿔 설치한 교양교육에 관한 위원회 등의 조직이 반드시 충분히 기능하지 못하는 예도 있다"고 문제시했다. 답신은 "각 대학에서는 교양교육은 종래부터 전문 학부 교원을 포함해 전 교원이 책임을 갖고 맡아야 할 것이라는 인식 아래에, 그 실시·운영에 책임을 갖는 조직을 명확히 하는" 것이 필요하다고 호소하고 있다. 대학심의회가 이런 반성하는 답신을 낼 수밖에 없을 정도로 '완화' 이후의 교양교육은 악화했다.

'공통교육', '기능competance'에 의한 '교양'의 공동화

지금까지 혼동되기 쉬운 '교양과목', '교양', '일반교육'의 차이에 대해 정리해왔는데, 이것들과 더불어, 1990년대 이후 대학 개혁의 흐름에서 '공통교육'과 '기능'이라는 개념이 등장해서 영향력을 강화해왔다.

이 중에 '공통교육'에는 물론 '일반교육'적인 것도 들어 있는데, 컴퓨터 이해력과 실천적 영어 능력 등 소위 '기술교육'이라고 불려야 할 내용의 과목이 많이 도입되었다. 그 외 연구 윤리와 정보 윤리까지 즉, 요약하자면 각 대학에서 학생이 졸업하기 전까지는 "이 정도 기능은 몸에 익혀야 할 필요가 있다"는 것을 뒤섞어 교양교육의 재편성이 진행되었다. 고전적 '교양'이 국민의 문화적 소양과 전인격성을 기르도록 하고, '일반교육'이 현대사회가 직면한 과제와 그 해결을 향한 종합적 지식의 함양을 목표로 하고 있다면, 오늘날 '공통교육'은 오히려 개개의 학생이 세계화 사회와 정보 사회에 살아남기 위한 기술을 몸에 익히도록 하고 있다.

더욱이 예전 광의의 교양교육과 오늘날 공통교육의 차이를 명확히 보여주는 것이 '기능'이라는 개념이다. '기능'을 한마디로 번역하자면 '활용 능력'이다. 즉, 단순하게 무엇을 알고 있는가, 혹은 무엇을 읽는다는 것이 아니라 가지고 있는 지식과 정보를 얼마만큼 활용할 수 있는가 하는 능력을 중시하는 것이다. OECD경제협력개발기구는 "언어·상징·텍스트를 활용하는 능력", "지식과 정보를 활용하는 능력", "과학기술을 활용하는 능력", "타인과 원활하게 인간관계를 구축하는 능력", "이해 대립을 조정해서 해결하는 능력", "대국적으로 행동하는 능력"이라고, 구체적인 예를 들어 핵심 기능을 정의하고 있다. 최근 대학에서는 이런 활용 능력을 범주화해 "무엇을 알고 있는가"가 아니라 "무엇이 가능한가를 집중적으로 몸에 익히게 하는 교육"으로 바꾸고 있다.

지식을 몸에 익히게 하는 것을 주안으로 하는 교양교육과 상황이나 과제에 대한 인식을 심화시키는 것을 주안으로 하는 일반 교육에서는 모두 어느 영역과 분야의 지식의 내용이 주제화되고 있다. 하지만 오늘날, '기능' 개념에 초점화된 것은 지식의 내용보다도 활용·처리 능력이다. 그런 의미에서 '기능'과 '교양'은 '일반교육'보다도 한층 실천적인 학습을 지향하고 있다고 말할 수 있다. 하지만 그만큼 핵심이 되어야 할 '교양'의 내실이 공동화되고 있다는 걱정도 생기고 있다. 실천력과 발표 능력, 의사소통능력, 과제해결력 등 실로 다양한 '힘'에 관심이 쏠리고 있지만, 그중에서 근현대를 통해서 대학이 길러온 지식 그 자체에 관한 관심은 감퇴하고 있다.

5. 인문사회계는 왜 도움이 되는가

'문계'와 '이계'의 구별은 언제 생겼나

이상의 여러 개념의 차이에 대해서 인식을 심화시킨 후 '교양과목'으로의 회귀라는 선택지를 생각해보자. 중세의 대학 교육의 기저를 이룬 '교양과목'은 '자유로운 학문'으로, 그것에 대립되는 것이 신학, 법학, 의학이라는 세 가지 '유용한 학문'이었다. 이 세 가지 학문의 유용성은 분명했는데, 이들에 '자유'의 학문으로서 '교양과목'이 대치되었다. 신학이 '유용한 학문'에 포함되는 것이 의

외로 생각되겠지만, 중세의 가치 중심은 그리스도교의 신이었고, 신에 어떻게 봉사할 것인가를 생각하는 신학은 궁극적으로 유용한 학문이었다. 여기에 국가에 "도움이 되는" 법학과 개개의 사람에게 '도움이 되는' 의학이 연결되어 있었다.

중세의 '교양과목'에는 문계와 이계가 모두 포함돼 있었는데, 머지않아 이들은 분리되었다. 이런 분리가 발생한 것은 앞에서 말한 것처럼 국민국가가 발흥하고 산업혁명에 따라 자본주의가 진전하는 18세기 말 이후의 일이었다. 이 시대, '교양' 개념이 형성되는 중에 '문화=교양'의 국민적 규범이 확립되었다. 그리고 이런 고전적 교양 지식인 철학과 문학, 역사학은 주로 '철학부'와 '문학부'에서 배우고, 이들 학부는 문계적 지식의 중추가 되었다. 그리고 다른 한편, 일찍이 '교양과목'에 있어 문계에서 구별되지 않고 배웠던 '수의 학문'은 생물학과 물리학, 화학 같은 개별 지식이 되어 독립하였고, 거대화의 길을 걷게 되었다.

이런 '이계'와 '문계'의 분리를 상징적으로 보여주는 것이 '철학부'에서 '문학부'로의 중심 이동이다. 근대를 통해 유럽의 여러 대학에서 법학부와 의학부, 신학부와 나란히 또 한편의 '자유'로운 학부에 붙여진 명칭은 '학예학부'에서 '철학부'로, 그리고 머지않아 '문학부'와 '이학부'로 변화했다(인문학이 대학의 학부 이름으로 빈번하게 사용된 것은 20세기에 들어서면서이다). '문학부'와 '이학부'의 분리가 명백히 된 것은 19세기 이후로, 그때까지 통일적인 '철학부'가 아니라, '문학부'와 '이학부', 오늘날, 우리가 '문계', '이계' 구분의 근거를 이룬다고 생각하는 두 개의 학부가 독립 조직으로 확립된 것이다. '문학'도 '이학'도 지식에 대한 이성의 올바른 작용=철학을 실천한다는 점에서는 원래 같은 것이다. 하지만, 19세기의 이런 조직적 분리를 통해 양자는 애초에 다른 학문으로 받아들여지게 되었다.

이런 분리를 결정적으로 만든 최대의 사회적 요인은 산업혁명이다. 산업혁명과 기계 기술의 발달, 줄을 이은 새로운 발명이 사회를 근저에서 변화시켜 가는 중, 사회 전반의 변화는 이계 주도로 일어난다고 생각되고, 문계는 그런 변화를 비판하거나 뒤쫓거나 결국은 변화를 받아들이는 처지에 몰리게 되었다. 즉, 19세기 이후 세계에서 '이계'는 기술 주도 사회의 선두에 서서 새로운 자연과학적 발견과 공학적 발명을 추진하는 처지에서 자신의 지위를 확립하고, '문계'는 오히려 그런 기술 주도 사회를 제어하거나 거기서 이 가치에 의문을 던지는 처지로 자신의 지위를 확립시킨 것이다. 이런 역사적 문맥에서 보자면, '이계'가 "도움이 되는" 지식으로 발전해온 것은 당연했다. 다른 한편, '문계'가 이런 변화에 비판적인 거리를 두고 있었다는 것도 충분히 이해할 수 있다.

인문사회과학은 어떻게 분화·독립했는가

지금까지의 논의로, 우리는 결국 이 장의 서두에서 제기했던 논점, 즉 왜 "이계는 도움이 되지만 문계는 도움이 안 된다"는 통념이 틀렸고, 긴 시간 속에서 생각하면, "문계야말로 도움이 된다"고 주장할 수 있는가를 역사적 배경에서 설명할 수 있었다. 이미 말한 것처럼 원래 중세의 대학에서는 '유용한 학문'으로서 신학과 법학, 의학과, '자유로운 학문'으로서 교양과목의 구별이 있었다. '문계'와 '이계'라는 구별은 존재하지 않았다. 그리고 17세기 즈음까지는 '철학'은 수학도 포함한 이계이기도 문계이기도 한 학문이었다. 즉, '문계'와 '이계'의 구분은 근대 산업사회 이전에 형성되어 확립된 구분이다.

이렇게 근대 산업화의 과정에서 대두되는 새로운 체제와 어떤 관계를 맺을 것인가로, 각각의 학문 분야의 위치가 정해졌다. 그런 의미에서는 공학계 지식과 경제학계 지식의 사이에는 어떤 종류의 친화성이 있다고 할 수 있다. 하지만, 경제학의 경우에는 그 한가운데에서 마르크스주의가 나왔기 때문에, 단순히 근대 산업사회를 위해 "도움이 되는" 학문으로서 자신을 위치 짓고 있다고 할 수는 없다. 어쨌든, 이학, 공학, 농학, 의학, 약학 같은 '이계'의 중핵을 이루는 여러 분야는 근대 산업사회의 커다란 물결을 타고 대학의 기반을 확대하고 있다.

그 전형은 공학으로, 19세기 중반까지는 비교적 오랜 역사를 가진 토목공학 중심의 시대였으나, 19세기 말에는 기계공학이 발전하여 역할을 확대하여 이윽고 20세기에 들어서는 전기공학이 힘을 얻어왔다. 20세기의 두 번의 세계대전은 화학공학의 역할을 확대했고, 더욱이 그 전쟁의 최후 국면에 등장한 원자력공학이 제2차 세계대전 후의 공학에 최대의 예산 획득력을 가지도록 하였다.

이에 반해, 19세기 이후의 '문계'는 이렇게 발전하는 '이계'와의 차이로 자신의 지위를 확립했다. 물론 여기서 '문계'라고 할 때도, 법학처럼 의학과 같이 고대까지 거슬러 올라가는 역사 깊은 학문도 있어서 하나로 아우를 수는 없다. 실은 이 지점이 앞에서 말한 대로 많은 논자가 '문계'와 '교양과목'과 '교양'을 혼동하기 쉬운 이유이기도 하지만, 신학과 법학은 별개로 하고, 정치학과 경제학, 사회학, 인류학, 거기에 근대적 의미에서의 역사학처럼, 예전에는 '교양과목'과 '철학'에 포괄했던 여러 분야가 서서히 문계의 전문 지식으로 독립해가는 과정이 있었다.

세계체제론으로 저명한 월러스틴Immanuel Wallerstein은 이 19세기 이후 근대 산업화에서, '정치학', '경제학', '사회학', '인류학'의 네 가지 사회과학 분야가 어떻게 상호 보완적으로 창조=구축되고 제도화되었는가를 다음과 같이 훌륭하게 요약하고 있다.

일찍이 사회과학은 존재하지 않았다. 혹은 다만 그 '선행물'이 존재했을 뿐이다. 그리고 19세기가 진행됨에 따라 일련의 명칭이 그리고 학부, 학위, 학회가 천천히 그러나 착실히 등장했고, 1945년까지는(그보다 이른 시기도 있었는데) 오늘날 사용되는 범주로 결실했다. (…중략…) (현대의 학문 분야의 분할의) 지적 원천은 19세기의 지배적 자유주의 이념이었다. 그것은 국가와 시장, 정치와 경제가 분석 상 별개의 (그리고 대부분은 독립했다) 영역이고, 각 영역에는 특수한 여러 법칙('여러 논리')이 있다고 논해졌다. 사회는 그들 영역을 별개로 유지할 것을 바랐고, 학자는 그들 영역을 별개의 것으로 연구했다. 시장의 영역에도 국가의 영역에도 명확히 존재하지 않는 많은 현실이 존재하는 것으로 생각됐기 때문에, 그것을 보충하듯이 이런 현실을 사회학이라는 커다란 명칭을 걸친 남은 물건용 주머니에 넣었다. (…중략…) 최후에, 문명 세계에서 멀리 떨어진 사람이 존재하고, 그런 사람들과 의사소통을 도모하기가 어려웠으므로 그런 사람들과의 연구는 특수한 규칙과 훈련법을 도입하여 얼마간 문제가 있는 인류학이라는 명칭을 걸치게 되었다

— 월러스틴, 『탈=사회과학』, 후지하라서점, 1993

여기서 월러스틴은 '사회과학'의 성립에 대해 논하고 있는데, 같은 논의는 인문학에 포괄될 수 있는 역사학과 문학 연구, 사상사, 미술사 등에 대해서도 가능할 것이다. '사회과학'이든 '인문학'이든 이들 '인문사회계' 학문이 독립한 여러 분야의 집합체로

서 등장한 것은 19세기로, 그런 학문의 분화는 20세기 중반까지
는 대부분 완료되었다.

그 후, 즉 20세기 중반 이후에 퍼진 인문사회계 지식은 젠더
연구와 영화 연구, 문화 연구와 같이 '연구'라는 접미사가 붙든가
아니면 포스트모더니즘과 포스트콜로니얼리즘, 더욱이 신역사
주의같이 '포스트'와 '신' 같은 접두어가 붙어, 그 이전 분야와 구
별되었다. 중요한 점은 우리가 조준해온 '문계'는 이같이 19세기
부터 20세기에 걸친 역사적 산물이라는 점이다.

신칸트파와 '가치'에 대한 질문

월러스틴의 전망에 포함된 또 한 가지 포인트는 그들 인문사
회과학 분야의 다수, 정치학국가학과 경제학 이후 등장한 대다수의
문계 지식이 '국가'와 '시장'의 중간 혹은 외부에서 형성되어 온
것이라는 점을 간파한 것이다. 중세적 그리스도교 질서가 붕괴하
고, 탈마술화＝세속화가 진행되면서 우선은 '국가'가 '신'을 대
신해 인지의 영역으로 등장했다. 다른 한편, 세속화된 사회에서
국가와 나란히 자율성을 가진 영역이 된 것은 '시장'이었다. 근대
자본주의＝산업사회가 발전해가면서 권력의 장인 '국가'와 부의
장인 '시장'이 두 개의 지배적 대상 영역으로 확립되었다는 것은
이상하지 않다. 하지만 이 두 개로는 세속화된 세계를 이해하기
에 충분하지 않아서, 사회학, 인류학, 심리학 등 인문사회과학의

여러 분야가 차례로 생성되고 독립했다.

그런데 이들 '국가＝권력의 장'에도 '시장＝부의 장'에도 포함되지 않는 인문사회과학의 여러 분야는 실은 어느 하나의 공통의 질문을 둘러싸고 형성된 것이었다. 우리는 19세기 말부터 20세기 초반에 걸쳐 사회학과 인류학, 철학과 역사학 등의 중요 인문사회과학의 언설을 부감함으로써 이 점을 알아차릴 수 있다.

이들 19세기 말부터 20세기에 걸친 주요 인문사회과학에서 공통의 질문이란 무엇일까? ― 대답은 '가치'이다. "가치란 무엇인가?"하는 질문 자체가 19세기 후반 이후에 대두한 '문계' 지식에 있어 근간이 되었다. 어떤 의미에서 '가치'는 경제학에서도 근본적 질문이었기 때문에, 형성기의 인문사회과학 전체에서 가장 근본적인 질문이었다고 말할 수 있을 것이다. 이것 자체가 '신'이 가치의 절대적 원천이라는 믿음이 무너진 세계, 즉 어떤 종류의 상대성이 자명한 사회에서, 그런 사회 자체를 취급하는 문계 지식이 직면하지 않으면 안 될 근본적인 질문이었다.

바꿔 말하면, 바로 이 '가치'의 상대화를 전제로 '문계'가 등장한 것이라고 말할 수 있다. 왜냐하면 하나의 절대적 가치 축이 영속적으로 계속된다면, 그 가치 축을 비판하고 새로운 가치를 창조하는 것은 이단의 운동에 지나지 않기 때문이다. 신에 도움이 된다는 것, 왕에게 도움이 된다는 것, 절대적인 신성성에 도움이 된다는 것이 영속적인 가치로 지속된다면, 사람들은 그런 목적에 대한 수단적 유용성만으로 살 수 있다. 그리고 적어도 이념적으로는 고대 로마제국의 황제, 혹은 중세 그리스도교 세계의 신은 만물에 대한 가치의 절대적 영속적 기준으로 통했다. 하지만, 그런 절대적이고 영속적(이라고 통한)인 가치 축은 세속화하면서 붕괴했고, 근대사회는 훨씬 오랫동안 복수적이고 유동적인 가치 축의 사이를 이동하였다.

다양한 인문사회과학적 지식은 그 본질에 있어 바로 이런 복수적이고 유동적인 '가치'를 질문하고 관찰하고 분석하고 비판하고 창조하는 관점과 방법으로, 19세기부터 20세기에 걸쳐 형성돼 온 것이다. 이것을 명료하게 보여주는 것이 19세기 말부터 20세기 초에 걸친 철학과 역사학에서 사회학에 이르기까지 여러 분야에 걸친 신칸트파의 영향력의 크기였다. '국가'와 '시장'의 관계를 묻는 마르크스주의를 별개로 한다면, 신칸트파는 '문계' 확립기에 가장 커다란 역할을 한 지식의 패러다임이었다.

그 신칸트파 중에서도 특히 서남독일학파라 불린 빈델반트Wilhelm Windelband와 리케르트Heinrich Rickert가 탐구한 것은 동시대에 자연과학적 합리성이 근대 산업사회와 함께 지배적이 되는 중에 철학과 역사학, 사회학이라는 여러 인문과학은 어떤 존재 의의를 가질 수 있는가 하는 질문이었다. 빈델반트는 '과학'에는 두 가지 종류가 있는데, '자연과학'이 법칙 정립적 과학인 데 반해, '역사과학'은 개성 기술적 과학이라고 주장했다. 즉, '이계＝법칙 정립

적 과학'/'문계＝개성 기술적 과학'이라는 이분법을 도입한 것이
다. "법칙 정립적"이란 관찰된 현상에서 항상 같은 형식과 법칙
을 발견한다는 뜻이고, "개성 기술적"이란 역사적으로 한 번뿐인
개별 사상事象을 기술한다는 뜻이다. 당시, '과학' 개념이 자연과
학에 한정되기 쉬운 와중에, 그는 '과학'이란 '자연과학'과 '역사
과학'의 두 가지 종류의 다른 과학 개념을 포함한다고 주장했다.

이런 입장에 대해 리케르트는 인문사회과학을 '역사과학'이
아니라 '문화과학'으로 규정하면서 '문화' 개념을 보다 중시했다.
그런 그에게도 인문사회과학에서 '가치＝문화'라는 질문은 근간
적인 것이었고 그 '가치'에 대해 탐구하는 것이 '문계'의 존재 의
의라고 인식했다. 그리고 그런 인식을 20세기의 사회과학으로
발전시킨 것이 막스 베버였다. 앞에서 말한 대로, 베버는 근대 자
본주의 사회에서 일찍이는 가치 합리적으로 의미가 있는 행위가
시스템의 자기 전개 중에 목적 합리적으로밖에 의미가 있을 수
없게 된 것은 왜인가 하는 질문을 던졌다. 즉, 근대사회에 있어
'가치'의 구조적 공동화空洞化를 문제로 삼은 것이다. 이런 논의의
배후에서 가치 창조적 문계＝인문학적 지식과 목적 수행적 이계
＝공학적 지식의 갈등을 읽을 수 있다.

문화주의에 대한 다양한 비판적 개입

이런 신칸트파의 '문화주의'라고 부를 수 있는 패러다임은 20

세기를 통해 계급과 언어, 구조라는 '가치'를 성립시키는 힘의 작용에 주목한 마르크스주의와 구조주의, 포스트구조주의 등에 의해 비판되었다. 예를 들면 마르크스주의는 가치와 계급과 자본의 관계를 문제시했고, 구조주의는 가치와 의미가 언어론적 구조에 기반을 두고 생산되는 모습을 해명했다. 더욱이 이 관계에서 권력의 작동을 본 것이 푸코Michel Paul Foucault와 사이드Edward Wadie Said 이후의 포스트구조주의와 포스트콜로니얼리즘의 관점이었다. 이들은 모두 '가치'의 문제를 다만 그것만을 독립시켜 논해서는 안 된다고 생각한 점에서 공통적이었다. 이처럼, 한편에서는 '가치'에의 주목, 다른 한편에서는 '계급'과 '언어'의 관점에서의 문화주의에 대한 비판이 20세기의 인문사회과학의 주축을 형성했다.

그리고 제국과 식민지, 젠더, 계급과 차별을 문제시한 젠더 연구와 포스트콜로니얼리즘적 연구, 문화 연구라는 관점도 덧붙여졌다. 이처럼, 19세기 이후의 인문사회과학의 흐름은 확실히 다양하고 복잡하지만, 그 다수가 공통으로 '가치', '계급', '젠더', '인종', '언어', '권력' 등의 관계를 초점에 두고 있다는 점을 알 수 있다.

자기 자신을 의심하는 지식으로서의 인문사회계

요컨대, 문계, 즉 인문사회계만큼 '가치'의 성립이라는 문제에 대해 긴 시간을 들여 논의해온 지식은 달리 없다. 그 궁극적인 이유는 인문사회과학의 대상이 우리 자신이기 때문이다. 그리고 우리 자신을 질문한다는 것에는 우리가 당연하다고 믿고 있는 것을 되묻는 계기를 포함하고 있다. 자연과학의 대상은 기본적으로 우리 외부에 존재한다. 예를 들면, 인문사회과학에서라면 말, 신체·심성, 풍경, 자연과학에서라면 정보, 인체·뇌, 환경이다. 실체적으로는 같은 것이지만, 우리 자신의 내부로 보는가 우리의 외부로 보는가 하는 관점이 다르다. 우리 자신의 문제로 볼 때는 가치와 의미의 문제는 바탕을 이룬다. 이 점에 대해서 오랫동안 생각해온 학문이 인문사회과학인데, 그런 관점에서의 고찰이 도움이 되는 것은 우리가 역사 속에서 변하기 때문이다.

인류는 바뀔 수 있고 어쩔 수 없이 바뀐다. 그것이 역사라는 것이다. 우리가 바뀐다는 것은 역사 속에서 가치와 의미가 다원적으로 변해 가는 것이다. 요컨대, 가치란 애초 다원적인 것이며 복수적인 것이라는 점을 인문사회과학은 깊이 생각해왔고, 그런 고찰에는 커다란 가능성이 있다. 단순히 교양이 풍부하다는 게 아니라 인류 사회를 위해 긴 안목에서 유용하다는 것이다.

이 유용성은 5년, 10년의 단기적 유용성이 아니다. 사람들이 당연하다고 생각하는 가치는 30년, 50년이면 변한다. 그만큼 앞을 내다본다면 인문사회과학이 어떻게 유용한가를 증명할 수 있는데, 그것은 인류나 지구사회를 위해서이다. 대학의 역사는 국민국가보다도 오래고, 중세 이래, 대학은 국가와 민족을 넘어선 보편성에 봉사해왔다. 이후도 대학은 인류의 미래와 세계적 보편성에 봉사해야 한다. 그리고 그것은 상당히 긴 시간의 봉사가 될 것이다. 왜냐하면 대학은 과거 800년 이상의 시간을 들여서 발전해왔고 조직 형태는 변했어도 아마 인류사가 계속되는 한 계속될 것이기 때문이다. 6년 단위로 대학의 존재 가치를 증명하는 건 가능하지 않다. 하지만, 60년 단위라면 가능할 것이다.

'문계'는 오랫동안 도움이 된다

이 장에서 생각해온 것을 정리하면 다음의 일곱 가지이다.

① "도움이 된다"에는 수단적 유용성의 차원과 가치 창조성의 차원이 있다.

② "도움이 된다"는 것은 그 목적이 되는 가치 축의 전환을 포함한 장기적 변화 속에서 생각할 필요가 있다. 이 가치 축은 긴 시간 속에서 반드시 변한다. '문계' 지식은 가치 축의 변화를 예견한다든지 선도한다든지 하는 가치 창조적 차원을 포함하고, "오랫동안 도움이 되는" 지식으로, 주로 이계가 전문인 "짧게 도움이 되는" 지식과 차원이 다르다.

③ '교양과목'에는 말의 학문문계과 수의 학문이계의 양쪽이 포함돼 있는데, 이 문·이 월경성은 근세의 '철학' 개념에도

이어지고 있다.

④ '교양'은 국민국가와 불가분의 관계를 이루고 창조된 개념으로 좀처럼 국경을 넘어서지 못한다. 세계화 속에서 이 개념은 근본적인 탈구축을 강요받고 있다.

⑤ 전후, '일반교육'으로서 미국에서 도입된 '자연과학', '사회과학', '인문과학'을 횡단하는 커리큘럼은 1960년대에는 애매해졌고 1990년대에는 붕괴하였다.

⑥ 오늘날 인문사회과학의 대부분은 19세기 말부터 20세기에 걸쳐 '국가'와 '시장'의 중간 혹은 외부 영역을 취급하면서 형성되었다. 그들은 자연과학에 대해 자신의 존재 의의를 찾고, '가치' 탐구를 공통의 근간적 질문으로 삼았다.

⑦ 대학은 인류적 보편성에 봉사하는 기관으로, 국립대라 하더라도 국가에 봉사하는 기관은 아니다.

이상 이 제2장에서는 "문계는 도움은 안 되지만 가치가 있다"는 입론에 반대했다. 문계 지식은 기존 가치와 목적의 한계를 확인하여 비판·반성함으로써 보다 새로운 가치를 창조할 수 있다. 그러므로 가치 창조적 차원이 있는데, 그것은 장기적으로 "도움이 되는" 지식이다. 하지만 전중·전후의 일본 대학에서는 일관되게 이계 중시, 문계 주변화가 진행돼왔다. '문계학부 폐지' 이전에 일본의 국립대는 실질적으로 이공계 대학이 돼버렸다. 그런 상황에 항의하면서 국립대에서 "오랫동안 도움이 되는" 문계 지식의 가능성을 찾는 게 과제이다. 그때, 문계 지식으로서만 이해되기 쉬운 '교양과목'이 본래, 문계와 이계 두 쪽을 포함한 기초지식이었다는 점을 생각해볼 필요가 있다. 이 점을 근거로 제3장 이하에서는 문계 지식과 이계 지식, 더욱이는 21세기 대학에서 다양한 월경의 방책을 생각해보고자 한다.

제3장
21세기의 미야모토 무사시

1. 대폭발하는 대학을 둘러싼 위기

문계만이 아닌 '대학의 위기'

2015년 6월의 문과성 통지는 주로 '문계의 위기'라는 문맥에서 이해되고 논의되었다. 하지만, 실은 '위기'가 닥친 것은 문계만이 아니다. 오히려 '대학의 위기'야말로 문계·이계의 차이를 넘어서 일본의 대학이 직면하고 있는 현실이다.

제1장에서도 언급했듯이 21세기에 들어 일본의 대학에는 '세계화', '디지털화', '저출산 고령화'라는 세 가지 큰 파도가 덮쳤다. 이 세 가지 큰 파도는 대학의 존재 방식뿐만 아니라 학문의 존재 방식 그리고 사회의 존재 방식도 포함해 삼중의 지각 변동을 일으켰고, 어떤 대학도 지금까지의 존재 방식에 안주해서는 살아남기 곤란해졌다.

이들의 전제가 된 사회 변화는 본서의 주제가 아니지만, 한마디로 말하자면, 사회의 유동화, 탈경계화이다. 지금까지의 종신 고용과 연공서열형 회사주의가 서서히 무너져가고 능력 중심의 개인주의로 이행해가는 중에, 격차와 비정규 고용은 이제는 커다란 사회문제가 되었다. 인재 유동성의 확대와 함께 개개 기업에서도 사내의 도제식 인재 육성이 한계에 달하고, 산업계로부터 대학에 대해 인재 육성에 대한 바람이 강해지고 있다. 그러므로 예를 들면 대학에 대해서 세계적 인재 육성의 압력이 늘고 있는 것은 일본의 산업 시스템 전체가 세계적 대응이 착실히 이뤄지지 못한 현실의 반영이기도 하다.

사회의 이런 유동화, 탈경계화, 그리고 불안정화에 대응하는 것처럼, 대학에서 지식의 존재방식도 변화해왔다. 이 변화를 대표하는 것으로 첫 번째로 꼽을 수 있는 것이 지식의 시장화이다. 철저한 시장주의가 지식의 존재 방식을 지배해오면서, 예를 들면 지적 재산권 문제에서도 지식 전유에 따른 이익만이 중시되는 경향이 강해졌다. 본래라면, 지식이 공유되는 것으로 새로운 지식이 탄생한다는 '공유코먼'과 '창조크리에이션'의 관계에 대한 인식이 사회 전체에 깊어져야 하지만, 할리우드 영화 산업과 미국의 의약품 산업 등에서 국내 문화산업까지, 점점 '돈이 되는가 아닌가' 하는 관점만으로 지식의 가치가 평가되게 되었다.

두 번째의 변화는 지식의 세계화이다. 예를 들면 오늘날, 세계의 대학 공통으로 많은 영향을 미치고 있는 것 중에, THE와 QS 등의 기관이 발표하는 세계대학 순위가 있다. 거기서 상위를 차지하는 데는 영어로 교육과 연구를 하고 있는가 아닌가가 상당히 영향을 미친다. 이젠 일본어로 얼마만큼 훌륭한 논문을 써내도 세계적 관점에서는 좀처럼 평가 대상조차 되지 못하고, 영문 저널 논문, 국제학회 발표, 영어 수업이 점점 중시되고 있다.

세 번째인 지식의 디지털화는 물론 종이 매체에서 디지털로, 지식 기반의 급속한 전환이 진행되고 있다는 것이다. 구글의 검색 시스템과 여러 분야의 디지털 아카이브가 발전하고, MOOCs Massive Open Online Courses 같은 대규모 온라인 교육이 침투하고 있다. MOOCs는 그때까지의 OCW Open Course Ware 같은 수업 영상의 인터넷 공개에 덧붙여, 미디어의 쌍방향화에 의한 수강자의 반응·이해도, 능력에 대해 창작자 측이 파악하는 것을 가능케 해서, 수강자의 정보를 다양하게 이용할 수 있게 되었다. 교육의 공개 접근화와 학생의 원격 가시화가 연결되어, 만인이 접근 가능한 동시에 만인이 세계적으로 계층화되는 시스템이 발달했다.

네 번째는 지식의 복잡화·세분화이다. 현재의 지식은 이전보다도 훨씬 세분되어 그 결과로 전체를 보기가 어려워졌다. 전체를 보는 관점을 상실하여 많은 연구자가 스스로 좁은 영역에 갇히는 악순환이 생겼다. 연구자가 한번 그런 좁은 영역에 갇히면 그 영역을 고수하는 데 열중하게 되어 영역의 폐쇄화가 진행된다. 탈경계화 속에서 역으로 개방성이 약해진다.

저출산 고령화 속의 대학 폭발

이상의 네 가지는 어떤 것도 기존의 대학 지식의 존재 방식의 기반을 흔드는 환경적 요인이지만, 이 모든 것이 동시 병행해서 진행되고 있다. 당연히 그 속에서 대학이 해야 할 역할도 근저에서 변화하고 있다. 그런 지식 기반의 극적인 변화가 생긴 과거 사 반세기, 대학의 위기는 깊어져만 갔지만, 내부 구조적인 면에서도 대학은 위기를 향해 걸어갔다. 그것은 저출산 고령화 속에서 대학의 폭발적 증식이었다.

전후 1945년의 시점에서 불과 48개였던 일본의 대학 수는 1949년의 신제 대학 이행으로 그때까지 고등학교와 전문학교였던 곳이 '대학'에 포함되었고, 1950년에는 201개까지 증가했다. 그후 1960년에 245개, 1970년에 382개로 계속 증가했는데, 이 시기는 베이비붐 세대가 성인 되는 등 18세 인구의 증가가 격심한 시기였기 때문에 이 대학 수의 증가는 그 나름으로 이해할 수 있다. 그만큼 대학 수가 늘었다 해도, 젊은 인구가 점점 늘었기 때문에 역으로 수험 경쟁은 심해졌고 좀처럼 대학에 들어가지 못하는 게 문제가 되었다.

하지만, 1970년대 중반부터 인구 증가 속도가 줄어들었고, 18세 인구는 1990년대 초부터 감소로 돌아섰다. 본래, 이 시점에서

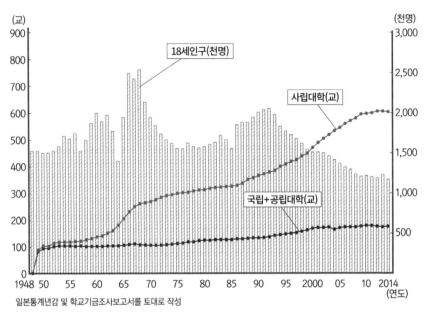

〈그림 2〉 전후 일본의 18세 인구 및 대학 수의 추이(1948~2014)

대학의 증가에 제동을 걸거나 아니면 대학이 다만 고졸 18세 인구를 상대로 하고 기업은 그 대학의 졸업생만을 신입사원으로 채용하는 사회 시스템의 구조 개혁에 정부가 본격적으로 나서야 했다. 하지만 그런 구조 개혁은 충분히 이뤄지지 않았고, 신자유주의적 규제 완화의 흐름 속에서 대학 수의 증가도 멈추지 않았다. 이렇게 일본의 대학 수는 1980년에 446개, 1990년에 507개, 2000년에 649개로 계속 늘어서, 현재 약 780개가 되어버렸다. 요컨대 1990년대 초 이후 18세 인구는 감소 일로를 걷고 있는데 대학은 약 270개가 늘어나버린 것이다.

1980년대 나카소네中曾根 정권 시절부터 신자유주의의 흐름이 강해져 문부성당시이 대학 설치 기준을 완화했고, 2000년대에는 더욱이 대학의 신규 설립을 쉽게 하는 방향으로 정책의 방향을 돌린 게 배경이다. 규제 완화가 계속된 결과, 각지에서 다양한 조직이 각각의 기대에 기반을 두고 대학을 신설했다.

1990년대 이후에 늘어난 약 270개는 과잉이다. 본래, 일본의 인구 규모를 생각해본다면 대학 전체가 고등교육 기관으로서 질을 유지할 수 있는 한계는 기껏해야 500개 정도가 아닐까. 그 경우에도 1945년에는 48개밖에 없었던 게 500개까지 늘어났다면 10배 이상인데, 대학 수의 증가율은 인구 증가율을 훨씬 넘어서고 있다. 하지만 실제로는 약 780개, 요컨대 16배 이상으로 늘어났다. 게다가 현재에도 18세 인구는 물론 총인구도 지속적으로 감소하고 있다. 이만큼의 대학 규모를 유지할 수 있을 리가 없다.

지원자 마케팅의 융성—캄브리아기적 대폭발의 시대

그 결과, 학생 정원을 채우기 위해 일부 대학에서 여러 가지 무리수를 두게 되었다. 이것을 나는 '지원자 마케팅'의 논리라고 부른다. 대학이 '지식을 탐구하는' 학문의 논리도 아니고 '사람을 기르는' 교육의 논리도 아니고, '자격을 판다' 혹은 수험료와 학비를 받는다는 마케팅의 논리로 움직이게 된 것이다. 그렇게 되면서 필연적으로 대학의 이미지 전략과 고교에 대한 마케팅이 중요해졌다.

이렇게 전차 안과 거리에 각 대학이 자기 학교의 이미지 광고를 대폭으로 늘려왔다. 내용인 교육 시스템, 왜, 어떻게 인간을 기르고 그를 위해 무엇을 어떻게 가르치는가 하는 것 이상으로, 학교의 이미지를 연출하고 지원자를 모으기 시작했다. 이렇게 어느 시기부터 대학의 사회적 이미지는 완전히 연성화되었다. 지금도 '권위의 상징'이라는 이미지가 벗겨지지 않은 것은 도쿄대·교토대 정도일지 모르겠다.

오늘날의 대학에 '지원자 마케팅'의 논리가 어느 정도 깊이 침투해 있는가를 이해하기 위해서는 학부 명칭의 변화에 주목하는 게 상책이다. 전후·고도성장기 일관되게 대학 수는 증가를 계속해왔는데 학부 명칭은 1980년대 중반까지는 거의 늘어나지 않았다. 1975년에 전국의 대학 학부 명칭은 69종, 1980년에는 78종, 1985년에는 80종이었다. 늘어나기는 했지만 그런데도 10년간 약 10종, 1년에 거의 하나씩 늘어났다. 변함없이 법학부, 의학부, 문학부, 이학부, 공학부라는 '한 글자 학부'학부' 위에 한 글자만 사용된 학부'가 압도적이었는데, 기껏해야 여기에 국제관계학부 정도가 포함된 정도였다.

하지만, 1990년대에 상황이 격변했다. 1985년에 80종이었던 학부 명칭 수는 1990년대에는 97종, 더욱이 1995년에는 순식간

에 146종으로 격증하였다. 1970년대부터 1980년대에 걸쳐 학
부 명칭의 종류가 여전히 100종 이하였던 시대에는 "인간과학",
"국제관계", "경영정보", "국제문화", "환경정보" 등처럼, "국제",
"환경", "정보", "문화", "인간" 등의 키워드를 조합하여 네 글자
명칭이 유행했다. 요컨대, '한 글자 학부의 시대'에서 '네 글자 학
부의 시대'로의 변화다. 하지만 1990년대에 들어, 변함없이 네
글자 학부는 개설되었지만 새로운 흐름이 오히려 "커뮤니케이션
학부", "컴퓨터이공학부" 등처럼 '가타카나 글자 학부'로 변화했
다. 세계화 속에서 대학이 '인기상품'의 명칭을 모색한 모습을 여
기서 볼 수 있다.

이렇게 1990년대 후반 이후, 학부 명칭 수의 증가는 저지할 수
없었다. 1995년의 146종이 2000년에는 238종, 2005년에는 377
종, 2010년에는 482종으로 증가했다. 1990년부터 2010년까지
20년 간 총 385종, 연평균 약 19종이 증가했다. 1990년대 이후
일본의 대학 학부 명칭은 '캄브리아기적 대폭발'을 경험했다.

이런 '캄브리아기적 대폭발' 속에서, 특히 21세기에 들어서면
서부터 증가한 학부 명칭은 실로 다양하다. 예를 들면, "리허빌리
테이션rehabilitation학부", "휴먼케어human care학부", "건강프로듀스
produce학부" 같은 것은 아마도 고령화 사회의 보건의료를 주제로
한 것이리라. 그렇다면 "고령화사회학부"라 해도 될 것인데, 명
칭을 가타카나로 해서, "케어", "프로듀스"라는 키워드를 넣음으

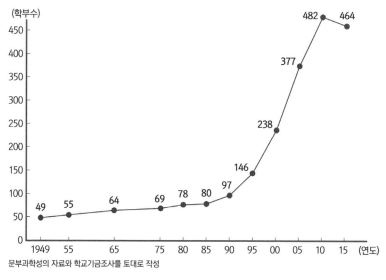

(학부수)

482 ● 464

〈그림 3〉 신제 대학 이래의 학부 종류의 추이(1949~2015년)

문부과학성의 자료와 학교기금조사를 토대로 작성

로써, 어쩐지 부드러운 이미지를 연출하려고 한 것같다.

　마찬가지로, "21세기아시아학부", "호스피탈리티투어리즘hospi-tality tourism학부", "글로벌미디어연구학부", "대중문화popular culture 학부", "애니메이션animation문화학부" 등은 세계화와 미디어 문화, 관광을 주제로 하고 있음을 알 수 있다. 어떤 것도 예전 같으면 "국제문화학부"라는 이름하에 포괄됐을 터이지만, 기존 학부와 차별화하기 위해 군이 가타카나로 "컬쳐", "글로벌", "투어리즘"을 써서, 더욱 현대풍의 이미지를 연출하려고 한 것으로 생각된다. 여기에는 "시티라이프city life학부", "현대라이프life학부", "라이프디자인life design학부", "모티베이션motivation행동과학부"처럼,

가타카나로 매우 일반적인 용어가 사용되고 있어서 학부 명칭으로는 무엇을 하는 학부인지 전혀 알 수 없는 것도 늘어났다.

대체로 1970년대 이후 대학의 학부 명칭은 "법학", "의학", "공학", "문학" 등에서 "정치학", "사회학", "교육학" 등까지 특정 학문 분야'학제'를 제시하던 시대에서 "정보", "환경", "생명", "문화", "국제" 등 그 학부가 대상으로 하는 영역을 제시하는 것으로 변화했다. 그 변화의 배경에 학문의 학제화, 탈경계화가 있다는 점은 말할 필요도 없다. 1970년대 이후, 새로운 지적 창조는 무에서 새로운 학문 분야를 새로 만들기보다도 다양한 근대 지식을 가교로 해서, 학제적 지식 공동성共同性을 구축함으로써 가능해졌다고 생각돼 왔다.

그런 학제성은 특정의 현대적 과제를 둘러싸고 조직되어야 하는데, 그것이 일정의 영역성을 띠고 있다. 다만, 형성 과정에는 과제 중심으로 학제적 지식을 산출하려고 설치된 학부도 시간의 경과와 함께 조직 보존을 우선하려고 하게 돼, '학제성' 그 자체가 폐쇄화되는 경향이 생겼다. 이것은 입학생을 학부마다 배속시킨다는 시스템 자체에서 유래한 필연으로, 이것을 바꾸는 데는 '대학'과 '학부'라는 교육 조직의 존재 방식 자체의 구조 개혁이 불가결했다.

학부 명칭 이야기로 돌아가면, 1990년대 이후 학부 명칭은 고령화, 세계화 등의 현대적 사회 변화 속에서 디자이너와 프로듀서, 매니저 등등의 가타카나 글자 직업의 인재 육성을 목표하고 있다는 냄새를 풍기는 쪽으로 변화해왔다. 이것은 실질적으로 대학이 직업훈련학교로 변했다는 것인데, 이러면 너무 노골적인 이야기가 될 터이므로 명칭을 가타카나로 해서 해석에 폭을 주고 맥주 상표와 같은 광고적 논리로 소비사회에서 '개성적 차별화'를 경쟁해왔다.

세계 규모에서의 대학의 폭발

2010년대 이후, 일본의 대학 학부 명칭의 캄브리아기적 대폭발의 시대는 거의 끝났다고 봐도 좋을 것이다. 2015년 학부 명칭 수는 464종, 2010년의 482종에서 감소하기 시작했다. 이 정도로 많은 명칭의 학부가 생겨버리자, '학부 명칭' 자체가 가치를 잃기 시작했고, 일부 의학부와 법학부, 경영학부는 별개로, "나는 이런 걸 하고 싶어서 이런 명칭의 학부에서 진학할 곳을 찾는다"는 사고를 수험생이 하지 않게 될 가능성이 있다. 그런 사고는 애초 일본에 뿌리내린 건 아니지만, 거기에 박차가 가해져, 학부 명칭은 슈퍼마켓의 진열대에 나란히 있는 가지가지의 식품 이름을 보고 자신의 기호를 추측해서 고르는 그런 이름과 같은 것이 돼버렸다.

그런데도 여전히 일본의 대학은 이후에도 한동안 그런 외모에 화장해서 필사적으로 지원자 마케팅을 계속할 수밖에 없을 것이다. 근본적으로 대학 수가 국내의 18세 인구와 비교하면 과잉이어서 고졸 18세 인구의 조금이라도 양질의 입학 자원을 둘러싼 치열한 획득 경쟁을 하든가 사회인 과정을 늘려서 노년층을 늘리든가 아니면 국제화를 선도적으로 추진해서 유학생 수를 대폭 확대하든가 이 셋 중 하나밖에 선택지가 없기 때문이다. 국제화에 관해서는 이미 리츠메이칸아시아태평양대와 와세다대 국제교양학부가 명확한 방침과 운영 체제를 확립했으며, 그런 리츠메이칸대-와세다대형 모델을 많은 사립대가 뒤따르고 있는 것으로 보인다. 또 국제화대학생의 학습의 국제적 제휴·유동화와 양질의 18세 지원자의 획득을 결합해, 대성공해서 화제가 된 것이 아키타의 국제교양대라는 점도 주지의 사실이다.

리츠메이칸대와 와세다대, 거기에 국제교양대의 예에서 보듯이 감소하고 있는 일본인의 18세 인구에 대해서 대학이 매력을 유지하려면, 국제화와 우수한 유학생의 획득은 핵심 중 하나다. 하지만 이런 면에서도 일본의 대학은 이후 장기적으로 엄혹한 상황에 직면하게 될 것이다.

그렇다면 오늘날 세계에 어느 정도의 대학이 존재하고 있는가를 생각해보자. 일본이 약 780개라는 것은 이미 설명했는데, 미국에는 2,600~3,000개 정도의 대학4년제. 2년제까지 더하면 약 4,700개 이상이 존재하고 있다. 일본의 대략 네 배 정도이다. 중국의 대학 수는 2,400개 정도라고 하는데, 이 중에 반수 정도가 전문대이다. 대략 일본의 1.5배 정도의 수라고 계산할 수 있다. 러시아는 1,000개 정도, 영국과 독일은 대략 300~400개 정도로, 일본 같은 대학 신설

거품은 생기지 않았다.

흥미로운 것은 한국의 사례로 한국의 4년제 대학은 200개 정도에 머물러 있고 전문대를 포함해도 400개 정도이다. 산업에서 문화까지 많은 면에서 한국과 일본은 비슷하지만, 한국의 대학 정책은 일본 같은 과도한 거품이 일지 않았다. 그것이 한국에서 대학의 권위가 높고 대학 입시가 치열함을 유지하도록 하는 것 같다. 가부장적 유교 윤리의 잔존과 대학교수와 정부기관의 고관 사이의 높은 유동성도 배경에 있을 것이나, 한국에서 '대학교수'의 권위가 일본보다도 훨씬 높게 유지된다는 것은 한국의 대학교수들과 교류해보면 일상적으로 실감하는 것이다. 또, 그런 권위에 대한 지속적인 '환상'이 한국계 유학생이 오늘날 일본인 학생보다도 훨씬 열심히 공부에 힘쓰는(대학 교육 현장에 있어 보면 누구나 눈치 챌 수 있는) 경향을 지지하고 있는 것으로 생각된다.

대학 수 이야기로 돌아가자. 합계를 내보면 전 세계에는 1만 개에 달하는 대학이 존재하는 것으로 추측된다. 각각의 대학에 평균 수천 명 학생이 있다고 하면, 전 세계 대학생의 수는 수천만 명이 된다. 이 정도로 많은 젊은이들이 세계에서 다양한 분야를 배우고 각각의 직무 경력을 구하며 경쟁하고 있다. 이 엄청난 숫자는 대학의 미래에 커다란 가능성이다. 대학에는 미래의 세계를 바꿀 잠재력이 있다고 나는 믿는다. 하지만 이 엄청난 숫자는 약 780개 있는 일본의 대학으로 보자면 위험이다. 한층 더 세계화가 진행되면서 영어를 세계 공통의 언어로 하고 1만 개에 달하는 전 세계의 대학이 교육과 연구로 경쟁할 때, 도대체 얼마만큼의 일본 대학이 살아남을 수 있을 것인가. 내 예상은 비관적이다.

애초 아무리 지식기반사회라 하더라도, 전 세계적으로 매년 1천만 명을 넘는 규모로 생기는 대졸자의 지식과 기능이 정말로 그들이 대학에서 배운 것을 활용하는 방식으로 필요한 것일까? 정상적인 대학이라면, 커리큘럼에 따라 그들에게 지식과 사고방법을 몸에 익히게 하고 학위를 주어 사회에 내보낸다. 하지만, 그처럼 해서 대학에서 배운 것이 그 후의 경력에 확실히 도움이 된다고 생각하는 사람은 상당히 운이 좋은 사람일지도 모른다. 국내는 물론 전 세계적으로 봐도 남아돌 정도로 수가 늘어난 대학에 이 정도 수의 대학생을 계속 교육하는 의의가 어디에 있는 것일까? 기업과 행정의 요구에 맞춘 일종의 직업훈련학교가 되는 것은 정말로 대학이 살아남는 길일까? 만약 그것이 대학의 자기부정 이외 아무것도 아니라면 1만 개에 달하는 대학이 세계화 경쟁 속에서 살아남을 길은 어디에 있는 것일까? 이 장과 다음 장에서는 단계적으로 그런 문제에 대해 생각해보고자 한다.

2. 완화 · 중점화 · 법인화─자유주의 속의 대학 개혁

대학원 중점화와 학부 · 대학원을 둘러싼 미국과 일본의 차이

그 전에, 오늘날에 있어 일본의 대학 위기는 지금까지 설명해온 인구 감소 속에서 대학 수의 계속적 증가, 지식의 시장화, 세계 규모에서의 대학 폭발이라는 거시적 변화로 초래된 것만이 아니라, 1990년대 이후, 문과성이 선도한 대학 정책의 결과이기도 하다는 점을 확인해두어야 한다. 이 위기는 대학 설치 기준의 완화, 즉 교양교육의 규제 완화, 그리고 대학원 중점화, 그 위에 국립대 법인화라는 세 가지 정책에 의해 초래되었다. 이 중에 교양교육의 규제 완화가 초래한 결과에 대해서는 이미 제2장에서 상술했다. 또, 국립대 법인화가 대학 내에 어떻게 빈부의 격차를 확대해왔는가도 이미 제1장에서 설명한 대로다. 따라서 여기서는 남은 한 가지, 즉 대학원 중점화가 그 후의 특히 최상층 대학에 초래한 결과에 대해 간단히 설명해보려고 한다.

대학원 중점화의 목적은 유럽 · 미국과 비교하면 떨어지는 것으로 여겨지는 일본의 대학원 교육의 수준을 향상해 세계화 경쟁에 대응하는 데 있었다. 그 때문에 중점화한 대학은 교원의 강좌 _{그 교원의 조직상의 소속}가 학부에서 대학원 연구과로 옮김으로써 한 강좌당 국가 예산을 일제히 확충하고 대학원의 학생 정원을 대폭 늘려서 결과적으로 일본의 최상층 대학이 배출하는 박사학위 취득자를 늘린다는 계획을 세우고 있었다. 하지만 그때 충분히 논의되지 않은 것은 애초 일본의 최상층 대학 교육이 어떤 역사적 과정에 의해 그때까지 그 질을 유지해왔는가에 대한 이해였다.

이미 제2장에서 제시했지만, 전전까지의 일본 대학은 기본적으로 독일＝유럽형이었다. 요컨대, 엘리트 교양교육은 주로 구제 고교가 맡고, 대학에서는 학생은 훔볼트 이념의 근간인 '연구와 교육의 일치'라는 방침으로, 문계는 세미나 이계는 실험실에서 교수 밑에서 연구를 진행하면서 전문 지식을 배워나간다는 구조였다. 이것은 오늘날의 이미지로 말하면 학부보다도 대학원에 가깝다고 할 것이다.

그런데 점령기의 교육 개혁의 하나로서, 그때까지의 전문학교와 고교의 일부가 대학으로 승격했을 뿐만 아니라, 대학에서는 교양과목 단과대형의 일반교육 과목이 대폭 도입되었고, 새로운 대학 수준의 교양교육의 기초가 구축되었다. 결과적으로, 전후의 대학에서는 학부 전기가 미국형, 후기가 독일＝유럽형이 되었다.

여기서 필연적으로 발생하는 것은 대학원의 위상 문제이다. 미국형 대학 시스템이라면 대학원의 위치는 명백하다. 대학＝학부 교육이 단과대학의 교양과목 교육(내지는 일반교육)이므로, 그 위의 대학원에서는 각각의 전문 지식에 관한 연구와 교육을 일치시키면서 배우는 것이다. 하지만 일본의 대학에서는 이미 전전부터 그런 전문교육을 대학 교육의 근간으로 해왔다. 전후, 일반교육의 커리큘럼이 들어오면서 대학 교육은 단과대형 교육과 종합대형 교육의 혼성이 되어버렸다. 요컨대 전후에도 미국 대학원의 석사과정 교육을 옛 제국대를 시작으로 국립대, 와세다대, 게이오대 등의 최상층 사립대에는 학부 후기 과정에서 실질적으로 하고 있었다. 그리고 이 교육 관행의 실질을 중시한다면 대학원은 상대적으로 가벼운, 즉 전문 연구자가 되려는 사람이 그 훈련을 받는 과정이었다. 대학의 교원직과 연구기관의 연구직 지위가 그만큼 있는 것은 아니므로, 대학원 정원이 제한되었던 것은 당연하다.

그런데 이것은 어디까지 실질상의 이야기이고, 제도의 형식으로서는 학부는 학부, 대학원은 대학원이었다. 20세기 후반 미국형 대학·대학원 시스템에 세계의 고등교육 시스템이 점차 표준화되면서 전문교육을 받는 사람에게 '석사', '박사'학위를 수여해서 질을 보증하는 것이 당연하다고 생각하게 되었다. 20세기 말까지 대학원에는 대학과 연구기관에서 전문 연구를 하는 사람뿐만 아니라 훨씬 넓은 의미에서의 전문가의 양성과 질 보증이 기대되었다. 물론 그것들은 상당히 전부터 미국의 대학원이 하고 있던 역할인데, 미국 사회 제도에서 보면, 그런 광의의 전문가의 질을 보증하는 것이야말로 대학원의 역할이었다.

대학원 중점화의 두 가지 귀결

1990년대 일본의 대학원 중점화 정책의 실패는 이상과 같은 미국과 일본의 대학의 전문가 육성이라는 면에서의 역사적 차이, 거기에 대학원과 사회의 관계의 차이를 충분히 고려하지 않고, '대학원'이라는 개체로 일본의 틀을 미국화하려 한 데서 기인한다. 대학원 중점화를 성공시키기 위해서는 대학 정책 이전에 사회 정책으로서, 즉 일본 사회에 전문가의 지위의 확립, 대학원에서 학위를 취득한 인재가 전문직으로서 조직을 넘어서 활약할 수 있는 틀을 만들어나가야 한다. 하지만 그런 직무 경력 전체에 대한 관점이 없는 채, 대학원 중점화가 정책으로 추진되어, 게다가 조금씩 중점화 대학이 확대되었기 때문에, 적어도 두 가지 중대한 결과가 초래되었다.

하나는 대학원 수준의 실질적 저하이다. 중점화에 따라 대학원생의 정원이 대폭 늘었기 때문에, 그 대학원들에는 그때까지 대학원 진학을 포기하고 있던 층이 들어오게 되었다. 강조하고 싶은 점은 그것이 곧 질의 저하를 초래한 것이 결코 아니라는 점이다. 오히려, 지금까지 제도화되지 않은 채, 엘리트주의적 방식으로 이뤄지던 대학원 교육이 학생 수의 확대와 더불어 기초가 충실해지고, 커리큘럼의 제도화도 진행돼 활성화한 면이 있기 때문이다.

하지만 문제는 그렇게 입학한 중점화 후의 제1세대가 박사과정에 진학하고 그들의 직무 경력에 다양한 곤란이 있다는 것이

드러났을 무렵에 두드러지기 시작했다. 중점화 후 석사·박사 과정의 대학원생 수는 대폭 늘어났지만 대학 교원이든 연구기관의 연구직이든 그 정도로 증가하지 못했던 것이다. 당연히 입구로 들어간 물의 양이 늘었는데 출구의 크기가 그대로라면, 물은 막혀서 옆으로 분출하는 사태가 발생한다. 우수한 선배가 고생해서 학위까지 얻었는데 그 후의 생활이 곤란해지는 현실은 뒤이어 우수한 젊은이들이 대학원 진학을 주저하게 만들기에 충분했다. 2000년대부터 2010년대에 걸쳐, 그때까지라면 대학원에 진학했을 최상층 학생이 문계는 석사 진학 단계, 이계는 박사 진학 단계에서 대학원 잔류의 위험을 깨닫고 그것을 회피하기 위해서 기업이나 관청에 취직하게 되었다.

이렇게 최상층이 대학원 석사과정과 박사과정에 진학하지 않게 되면, 다양한 부정적 효과를 대학원에 초래한다. 각각의 대학원 과정에는 그런데도 학생 정원을 어느 정도는 채우지 않으면 안 되기 때문에, 합격선이 서서히 낮아진다. 이것이 또 나선형적으로 부정적인 효과를 초래하게 되는데, "저 정도 학생이 들어갈 정도라면, 대학원도 대단한 게 아니"라는 인식이 퍼진다. 그리고 그것이 또 우수한 층에게 대학원에 들어오려는 의욕을 잃게 한다.

게다가 그렇게 되면 "자기는 대학 입시에서는 A대학이 아니라 B대학에 들어가지만, 대학원은 A대학에 들어갈 수 있다"고 생각하는 층이 늘어, B대학의 학부생이 A대학의 대학원에, C대학의 학부생이 B대학의 대학원에 진학하는 현상이 발생한다. 이런 현상은 일부의 미디어에서 '학력 세탁'이라고 야유를 받고 대학원 학력에 대한 신뢰는 저하되었다. 결과적으로, 문과성의 대학원 중점화 정책은 그것이 의도한 것과 완전히 정반대의 효과, 즉 일본 대학원의 질의 상승이 아니라 오히려 하락을 초래한 면이 있다.

한 가지 더, 대학원 중점화로 초래된 것은 중점화 대학 교원들의 의식 변화이다. 대학원 중점화를 하는 중핵적 대학의 경우, 그 이전부터 학부 후기 과정에서 실질적으로 대학원 같은 전문 교육이 이뤄지는 경우가 적지 않았다. 그 대학들에서는 학부에서의 전문교육이야말로, 그 대학의 교육 연구의 바탕을 이루는 것이었다.

하지만 대학원 중점화에 따라 교수들의 소속을 '학부'에서 '대학원 연구과'로 옮겼다. '○○대 △△학부 교수'가 '○○대 대학원 △△연구과 교수'로 변화한 것이다. 각각의 교원의 경우, 자신은 교수로서 대학원 연구과에 소속되어 학부에 가서 가르친다는 인식을 하게 되었다. 대학원에서 얼마만큼의 석사학위와 박사학위를 배출하는가에 중점이 두어지고, 학부 교육은 미국의 단과대적 위상을 갖게 되었다. 그 경우 정말로 학부 교육이 단과대적 수준이라면 그것은 그 나름대로 괜찮지만, 실제로는 학부에서 전문교육을 계속해왔던 것인데, 그렇게 되면 학부의 전문교육과 대학원 교육의 사이에는 중복이 발생하기 쉬워진다. 때에 따라서는 교수들이 대학원 교육에 주력하고, 학부 교육이 점차 엉거주춤해질 위험도 있다. 그것은 전전부터 일본의 최상층 대학 교육의 질을 지켜온 근간이 공동화된다는 것을 의미한다.

3. 누가 대학 위기를 타개할 수 있는가

국가·문과성의 역할의 한계

이처럼 오늘날, 대학은 겹겹의 위기에 직면해 있다. 다가오는 이들 위기를 도대체 누가 타개할 수 있을까?

여기에 대해 국가·문과성에 기대하는 데는 한계가 있다. 실제로, 이번 문과성 통지에 대한 미디어와 여론의 반발을 봐도, "국가는 쓸데없는 말을 하지 말라"는 게 오늘날 사람들의 일반 감정이다. 이 감정이 항상 옳은 것은 아니고, 미디어도 여론도 대학의 실태를 적확하게 이해할 능력이 없는 경우가 많다는 것은 제1장에서 보인 바대로다. 그러나 그런 미디어와 여론의 한계는 차치하더라도, 세계화 속에서 국민국가가 천천히 확실히 퇴조하고 있다는 것은 사실로, 국가·문과성에 대학 위기의 타개의 중핵적 선도 역할을 할 힘이 이제 없다는 점도 부정할 수 없다.

현재 국가·문과성이 대학에 할 수 있는 것은 대학 개혁 계획과 예산을 연동시켜서 대학의 전환을 선도하는 것이다. 대학 측은 개혁에 그다지 적극적이지 않으면 운영비 교부금이라는 기초 예산이 줄어들고 평가에 떨어져 특별 예산을 획득할 수 없게 되지 않을까 하는 두려운 마음에, 문과성의 정책에 기본적으로는 순종한다. 유럽과 미국과는 달리, 기부금 등의 독자 예산 재원이 부족한 일본의 대학은 국가에서 교부되는 예산에 대한 의존도가 지금도 높고, 예산 틀로 이끌면 어떻게 해도 문과성의 정책에 복종하게 된다.

이와 같은 예산 유도형 대학 정책이 내포하는 위험은 대학이 자기 생각과 실력, 노력으로 혁신적 교육 연구의 전망을 내서, 자율적 주체로서 발전해나가는 기초가 길러지기 힘들다는 점이다. 각 대학은 어떻게 해서도 문과성의 방침에 따르고, 거기서 최대한의 예산을 받으려고 행동하고 있어서, 그런 대응을 교묘하게 하는 재치가 있으면 있는 만큼, 문과성 예산에서 벗어나기 어렵게 된다. 하지만 대학이 자력으로 미래를 타개하는 주체가 되기 위해서는 국가·문과성과 기업·재단, 거기에 재학생과 졸업생이라는 세 가지 종류의 이해 관계자가 균형 잡힌 관계를 맺는 역량이 필요하다. 일부 사립대는 확실히 그런 힘을 이미 가지고 있지만, 대부분 국립대에는 그것이 여전히 없다. 국가·문과성의 예산도 필요하지만, 동시에 국립대가 그 예산에 의존하지 않고 스스로 개혁을 진행해 나가는 주체적 기반을 형성하는 것도 국가는 촉진할 필요가 있다.

산업계의 경험은 대학 개혁에 유효한가

다른 한편, 산업계가 대학 개혁을 하는 게 가능한가 하면 불가능하다고 말할 수 있다. 최근, 기업의 전 CEO가 대학의 이사장과 총장에 취임하는 예도 늘어나고 있는데 다수는 성공하지 못했다. 이유는 기업과 대학의 조직 원리가 근본적으로 다르기 때문이다. 정부의 전문가회의 등에서 발언하는 산업계 인사들의 발언도 종종 강한 영향력을 가지지만, 대학이라는 조직의 경과, 거기서의 교육·연구의 진행 방법을 이해한 후의 발언이 아니라, 기업의 관점에서 생각한 것을 대학에 적용하는 것에 지나지 않는 경우가 적지 않다. 기업인의 경우, 대학이라는 조직의 경과, 거기서의 일의 진행 방법을 이해하는 것은 그렇게 쉬운 일이 아니기 때문이다. 기업이라면 당연하고 유효한 행동도 대학에서는 실효성을 가질 수 없고 완전히 유익하지는 않은 것이 적지 않다.

이는 주로 대학과 기업에서 조직의 구조가 근본적으로 다르다는 점에서 유래한다. 기업은 상의하달식으로 움직이는 조직으로, 인사권과 예산권을 가진 최상층의 지시는 절대적이다. 그만큼 기업 최상층은 구성원에 대한 책임을 지는데, 그 조직 원리가 작동하지 않으면 변화하는 외부 환경에 신속하고 유효한 대응을 할 수 없고 조직의 업적은 나빠진다. 지휘명령계통에서의 이런 양해는 기업이라는 조직을 성립시키는 근간이다.

그런데 이 원리는 대학에서는 성립되지 않는다. 대학이라는 조직에서는 어디까지나 교수 한 사람 한 사람이 "한 나라의 왕"이다. 대학은 애초 고도의 지식을 갖춘 교수와 학생의 협동조합으로 탄생했는데, 이 협동조합의 고리는 '자본'이 아니라 '진리'였다. 각각의 교수는 학생에게 교육 책임을 지고, 동시에 학문적 진리에 대한 윤리상의 책임도 진다. 이들 정도가 대학교수의 의지를 제한할 수 있는 상위의 규범이다. 학생을 교육하지 못하는 교수, 허위를 진리라고 속이는 교수는 대학의 구성원으로서 실격이다. 하지만, 이것 이외의 거의 모든 것에서 대학교수는 독립과 자유의 권리를 갖는다. 이것이 대학이라는 조직의 근본 원리이고, 이 원리를 부정하면 이미 그 조직은 대학일 수 없다.

그러므로 대학교수 간에 성립되는 것은 독립적 주체 상호의 평등한 관계로, 양자에게 명령과 지시, 혹은 '섬기는' 관계는 불가능하다. 하지만 그렇다 하더라도 현실의 조직으로서 대학은 성립되지 않는다. 대학이 조직으로서 운영되는 것은 입시, 커리큘럼 설계, 성적 평가라는 교육상의 실무는 물론, 연구 과제의 수행, 그리고 대학 운영과 관계된 많은 실무와 사업이 불가결하고, 그 과정에는 일반 기업과 같이 책임자 밑에서의 지휘명령이 불가결하다. 그로 인해 대학교수는 '교수'라는 독립적 입장과 함께 학부장, 학과장, 위원장, 실장, 실원 등등이라는 조직 운영상의 직무를 겸하고 있다. 그리고 이들 직무상의 입장에서 대학교수가 하는 일은 기업 조직의 실무와 본질적인 차이가 없다. 사업의 성과는 물론 요구되고, 효율성과 이익도 필요하며, 상의하달식 의사결정도 필수다.

산업계 인사들이 오해하기 쉬운 것은 대학의 역동성을 받쳐주는 것이 이런 미묘한 이중성이라는 사실이다. 만약 대학을 후자의 기업적 원리로만 움직이려고 든다면 대학의 근저를 이루는 교수의 창조성이 상실되어 그런 대학은 서서히 활력을 잃어간다. 어떻게든 기업처럼 대학을 움직일 수는 없다.

다른 한편, 대학을 학자들의 자율적이고 평등한 공동체로서 지나치게 이상화하더라도 대학은 창조적일 수는 없다. 왜냐하면 그러한 독립성과 평등성은 요컨대 자신의 영역과 방법을 지키기 위해서 새로운 것을 인식하지 못하는 보수성과 타인의 영역과 다른 조직과는 서로 불간섭하는 무사안일주의와 표리의 관계이기 때문이다. 교수들에 의한 '학문의 자치'는 그 '자치'라는 주장이 특권집단의 기득권 옹호의 구실이 될 가능성을 항상 내포하고 있다.

이런 이중성, 요컨대 한편으로는 '진리'의 추구와 '학생'의 교육이라는 임무를 지는 독립적인 교수들의 평등한 공동체라는 수준과 다른 한편으로는 그 지적 잠재력을 활용하면서 사회와 교섭하는 지속 가능한 조직으로서 운영되는 수준이 언제나 조정·매개되는 이중성은 대학에 있어 근본적이다. 그리고 그것은 기업 같은 조직과는 본질에서 다른 것이다. 구성원의 독립성에서 대학은 상점연합회를 닮은 점도 있는데, '신', '국가', '세계'라는 초월적 권위와 맺어져, 일개 통합적 조직으로서 장기적으로 활동하지 않으면 안 된다는 의미에서 가톨릭교회와 같은 조직과도 닮았다. 신부들의 독립성은 교수들에 비하면 약할지도 모르지만, 소위 세속적 가치와는 다른 차원에 자신의 조직을 정당화하는 근간을 두고 있다는 의미에서는 대학은 교회나 수도회와 닮은 점도 가지고 있다. 근대 세계를 성립시키는 것은 결코 국가와 기업만이 아니라 이와 같은 수도회에서 각종 재단, 국제기관까지를 포함한 다양한 형태의 조직이다. 그리고 대학도 그런 오랜 역사적 기원을 가지면서 현대에 살아남은 조직의 하나이다.

대학의 일은 대학에 맡기면 된다?

국가·문과성도 산업계도, 미래의 대학 변화의 중핵적 주체가 될 수 없다면, 대학을 바꿀 수 있는 것은 역시 대학 자신, 그중에도 대학교수들일까? 하지만 이런 대답에 대해서도 다소 의심이 생긴다.

1990년대 이후, 국가·문과성을 둘러싼 국가의 규제를 약화하고 다양한 사항에 대해 대학의 자율성을 존중해왔다. 그 결과, 인구 감소 속에서 대학 숫자는 과잉 증가를 계속했고, 대학원이 신진 연구자의 직무 경력을 곤란하게 만드는 방식으로 팽창했고, 대학 내에서는 분야에 따라 빈부의 격차가 확대되었고, 대학교수들이 자신의 전문분야 중심으로 행동하여 일반 교양교육의 붕괴가 시작되었다. 요컨대 개개 대학, 그리고 그 교수진은 자신의 전문과 일반론에서는 우수한 견식을 보여주지만, 대학의 미래에 대해서는 우수한 전망과 공공적인 의식을 가진 것은 아니라는 점은 이미 실증되었다. 대학 개혁은 대학의 자율성에 맡겨두는 게 좋다는 사고방식이 커다란 환상이라는 점은 현실의 결과를 보면 분명하다.

애초 '대학 자치'의 근거를 이룬다고 생각된 것은 교수들이지만, 이것은 기본적인 교수진, 즉 교수권을 가진 사람들로 이뤄진 길드적 조직이다. 이 교수회에는 대학 직원도, 신진 특임 교원, 시간강사, 연구원도, 거기에 학생도 포함되지 않는다. 수적으로 압도적으로 많은 이들 구성원을 배제하고, '교수'가 각각의 학부와 연구과의 인사권과 운영권, 여러 가지 결정권을 한 손에 쥐고 행사하고 있는 것이 교수회라는 조직이다.

1968년의 대학 분쟁에서 반기를 든 학생들은 교수회의 폐쇄적 기득권적 구조를 비판했지만, 분쟁의 수습과 함께 그런 문제 제기는 어느새 잊히고, 교수회야말로 '대학 자치'의 당연한 기반처럼 이야기돼왔다. 게다가 이 교수회는 학부·연구과로 나뉘어 있어서, 대학 전체보다도 학부마다 개별 사정을 우선시하기 쉽다. 요컨대, 대학의 자치가 교수회를 기반으로 하는 것인 한, 실은 '대학 자치' 따위는 존재하지 않고, 그것은 전부 '학부·연구과 자치', 요컨대 개별 조직의 길드적 자치가 되기 쉽다.

특히 전통적인 국립대에서 두드러지는데, 교수회의 강한 자치권은 일본 대학의 특수성이다. 다른 아시아 여러 나라의 대학은 물론, '대학 자치'의 정신이 확립된 유럽과 미국의 많은 대학에서도, 교수회의 권한은 일본의 국립대만큼 강하지 않다. 요컨대, 각각의 학부·학과의 교수진에 대해, 대학 집행부의 총장대통령에 상당과 교무처장내무대신에 상당이 초월적인 권한을 행사할 수 있는 구조이다.

일본의 대규모 종합대는 유럽과 미국의 대학과 비교해볼 때도 이런 상의하달식 구조가 약하고, 권력은 분산적이며, 상당히 많은 것이 각각 개별 조직의 '자치'에 맡겨져 있다. 그 결과, 대학 전체의 통치 구조는 기업적이지 않은 것은 물론, 관료제적이지도 않고, 오히려 '봉건적'(다양한 장원이 각각 자치권을 가지고 세력권을 지키고 있는)이라고 부르는 게 좋을 체제로, 학내 여러 조직의 이해 조정에 방대한 시간적 노력을 요한다. 이런 커다란 조정 노력이 일본의 대학을 움직이기 어렵게 하는 최대의 요인이다.

4. 개혁은 어디로 향하는가?

국가·문과성은 대학의 교육 개혁에 무엇을 요구해왔는가

결국 국가·문과성도 산업계도 대학도 단독으로는 위기 상황에 놓인 일본의 대학, 특히 국립대를 바꿀 수 없다. 이것은 소위 막부 말기적 상황이라고 부를 수도 있을 것이다. 분명히 '흑선막부 말기에 일본에 출몰했던 서양의 배-역자'은 이미 왔는데도 막번 체제의 보호를 받고 있어 대규모 대학특히, 국립대에서는 상의하달식 의사결정이 좀처럼 기능하지 않는다. 새로운 흑선의 내항을 어떻게 맞이할까, '미영 열강'의 학술적인 세계 지배가 진행되는 중에, 극동의 여러 대학에서 학내의 봉건 제후의 복잡한 이해를 조정하면서 어떻게 '국론' 아닌 '학론'을 통일할 수 있을까―이 문제에 많은 대학이 상당히 고심하고 있다.

만약 경제 발전기처럼 문과성이 대학에 강력한 지도력을 발휘할 수 있다면, 국가가 직접 방침을 세우고 거기에 대학을 따르게 할 수 있을지도 모르지만, 지금에는 국가·문과성은 그런 '지도력'의 재정적 기반을 잃어버렸고 그런 지도는 바람직하지도 않다. 다른 한편 산업계도 대학에 주문할 수는 있어도, 대학 내의 복잡한 구조에 유효한 대책을 제시할 수는 없다. 더욱이 대학도 현재의 교수회 자치의 구조 자체에 오늘날의 대학이 자기 변혁하는 것을 곤란하게 하는 커다란 요인이 있기 때문에 개혁은 간단하지 않다. 막부 말기, 이런 곤란한 상황을 변혁시킨 것은 지사들의 동지적 연대였을지도 모른다. 하지만 현재 도대체 누가 어떻게 그런 동지적 연대를 낳을 수 있을까.

이처럼 '누가'라는 부분이 확실하지 않은 채, 2000년대 이후,

문과성과 중앙교육심의회, 전문가회의라는 국가 수준의 조직에서 잇따라 대학에 개선을 위한 다양한 제언과 계획, 권고, 통지가 나왔다. 예를 들면 문과성에 의한 2012년의 「대학 개혁 실행 계획」에서는 대학 교육의 질적 전환을 위한 구체적 시책으로서, "교원의 교육력 향상에 대한 지원", "교육의 국제적 신뢰성 향상", "대학원을 포함한 교육과정의 체계화", "대학 재학 중의 수학 성과의 명확화", "고교와 대학 간 교육 제휴의 추진" 등이 거론되고 있었다. 다른 한편, 중앙교육심의회 대학분과위원회의 심의 요약에서는 대학이 교육 개혁을 위해 취할 시책으로, "전교적 교학 관리", "학생의 주체적 학습의 양성", "충분한 질을 동반한 학습 시간의 확보", "강의 요지의 체계화·가시화", "과목의 번호 붙이기에 따른 교육과정의 체계화", "(이수 과목 수에 대한) 이수 제한제의 도입", "GPA 도입에 따른 성적의 수치화", "FD, SD에 의한 스태프 강화", "학습 지원 환경의 정비", "고교 교육과의 원활한 접속" 등의 시책이 거론되고 있다.

유동화하는 사회에서의 질 보증

몇 개 귀에 익지 않은 용어가 나오는데, FD^{Faculty Development}란 교수진 개발의 뜻으로 '패컬티'란 대학교수를 가리키기 때문에 대학 교수의 능력을 향상한다는 의미이다. 하지만 교수들은 자기 분야의 연구에서는 알아서 성과를 올리기 때문에, 여기서 초점화하고 있는 것은 주로 교육과 국제화에 관한 것이다. 특히 교육 능력은 일본의 대학이 지금까지 질을 통제해오지 않았다는 점에서, 수업 공개와 학생에 의한 수업 평가, 교수 설계와 강의 요지의 작성법, TA조교을 이용한 팀 티칭 진행법, 액티브 러닝능동적 수학, 쌍방향형 수업 등 등등에 대한 교원의 능력을 향상하는 다양한 조치를 가리킨다. 마찬가지로 SD^Staff Development란 스태프 개발의 뜻으로, 단순한 사무직이 아니라 대학의 관리자로서의 직원을 기르기 위한 다양한 조치이다.

또, 과목의 번호 붙이기는 그 대학이 실시하는 모든 수업 과목에 통일적인 번호를 붙이는 것이다. 이것이 왜 중요한가 하면, 이번호에는 학년, 분야, 그 과목의 커리큘럼 상의 분류, 난이도, 수업 유형과 같은 공통의 변수 중의 수치가 포함된다. 요컨대, 그 과목의 이름과 개요를 읽지 않아도, 번호를 보면 그 과목이 전 과목 중에 어떤 위치에 있는가를 알 수 있는 구조다.

이러한 번호가 대학이 제공하는 수천 개 과목에 공통의 양식으로 붙게 되면, 학생이 소속한 학과와 과정의 좁은 범위를 넘어서, 전교적인 과목의 구조화가 가능해진다. 학생으로서는 자기는 몇 번대 과목들을 이수하고 있으니, 다음에는 몇 번대 과목들을 이수하면 되는지가 한눈에 이해된다. 게다가 이 과목 번호 붙이기를 대학 간에 공통화하면, 대학을 넘어서 취득 단위의 교환이 쉬워진다. 과목 번호 붙이기는 소위 통화의 교환 비율 같은 것으로, 각

학과와 과정이 수업의 질을 유지하면서 이수 과정에 자율성을 부여하여, 조직 간에 이수 단위를 교환할 수 있게 하는 전제가 된다.

하나 더, GPA에 관해서도 설명해두자. GPA란 Grade Point Average, 즉 전 성적의 평균점이다. 하지만 성적은 보통은 100점 만점 방식이 아니고, 'A', 'B', 'C', 'D'라든가 '수', '우', '양', '가', '불가'라는 단계 평가이다. 또, 과목에 따라 수업 시간 수가 많고 무거운 과목과 적고 가벼운 과목이 있다. 이들을 고려해서 해당 학생이 얻은 성적을 종합적으로 수치화해서 평균점을 산출한 것이 GPA이다. 일반적으로는 'A=우'는 4.0, 'B=양'은 3.0, 'C=가'는 2.0처럼 수치화되기 때문에, 예를 들면 GPA가 '3.8'인 학생은 상당히 우수한 학생이라고 볼 수 있다. 다른 한편, GPA가 '2.4'인 학생은 그다지 성실하게 공부를 하지 않았다는 평가를 받게 된다.

하지만, 이 GPA 수치가 신뢰를 얻으려면 애초 성적 평가가 적정해야 한다. 출석한 사람 누구에게나 '우'를 줘버린다면, 수강 학생에게는 환영받을지라도 GPA의 신뢰를 손상하는 행위다. 그렇게 되면, 최종적으로는 그 대학의 GPA 평가 전체의 신뢰를 잃게 된다. 그렇게 되면 학부 편입이든 대학원 진학이든, 일부러 입학시험을 볼 필요가 없이 학생이 지금까지 대학에서 얻은 GPA를 확인해서, 일정 수치 이상이면 면접을 봐서 합격 여부를 결정하면 된다. GPA의 신뢰도를 높이는 것은 학생의 대학 간 유동성을 높이는 방향으로 작용하고 있다.

이처럼 21세기에 들어서 문과성 등이 진행하려고 했던 여러 가지 교육 개혁의 제안은 유동성이 가속도적으로 증가하는 사회에서 어떻게 교육의 질 보증을 실현할 것인가 하는 문제의식에 기반을 두고 있다. 각각의 학년, 학과, 학부, 대학, 혹은 국가가 각각 닫힌 채 자신의 영역에 소속된 학생을 단선적으로 교육해도 좋은 시대는 끝났다. 학생이 그 학습을 유효한 방식으로 조직하기 위해서는 학과와 과정을 횡단하고, 복안적複眼的으로 자신의 질문과 획득하고 싶은 능력을 축으로 이수 과목을 설계할 수 있도록 대학 측이 해줄 필요가 있다. 또, 때에 따라서는 학년이라는 틀을 넘어, 상위 학년의 과목을 일찍 이수하여, 역으로 하위 학년의 과목에서도 복습 식으로 이수하는 쪽이 전체로서의 학습이 깊어지는 경우도 존재한다. 다른 대학에 배우러 가고 유학하고 국외대학의 여름학교에 참가하고, 게다가 한 학기, 일 년 유학 경험을 쌓아가는 경우, 현실의 많은 일본 대학은 학생이 소위 '홈그라운드'에서 배우는 것과 '어웨이'에서 배우는 것을 구조적으로 연결 짓는 틀을 준비하지 못하고 있다.

변화의 주체를 생성하는 세 가지 조건

왜 이런 조치는 문과성이 말하기 전에 대학 측에서 실현되지 못한 것일까. 실제로 전체로서 볼 때, 일부 사립대와 공립대를 제외하고 문과성의 방침을 앞질러 새로운 시대의 교육 개혁에 성공할 수 있었던 대학은 거의 없다. 특히 옛 제국대를 시작으로 주요 국립대에는 일본의 대학 전체의 동향을 좌우할 수 있는 실력이 있는데, 문과성의 여러 시책에 촉발되어 그럭저럭 개혁의 여러 항목을 해치우는 형태를 취하고 있는 것이 현실이다.

왜 이 정도로 일본의 대학은 변하기 어려운 것일까? 그 한 가지 해답은 일본의 최상층 종합대, 특히 국립대에서는 교수들의 독립성과 자유를 보장해왔고, 더구나 대학의 운영과 교육 시스템에서는 대학 집행부가 선도해서 개혁을 이끌 한정적 상의하달 체제도 없기 때문이다. 모든 개혁 항목에서, 모든 학부·연구과가 이해하지 못하면 전진할 수 없다면, 대학은 느릿느릿하게 변화할 수밖에 없다. 어느 일정한 범위 안에서 상의하달식으로 결정되는 구조가 일본의 국립대에서는 발달하지 않았고 그것이 움직임을 느리게 하고 있다. 앞에서 설명한 여러 항목에 대해서도 합의에 이르기까지의 이해 조정에 방대한 시간과 노력을 쓸 수밖에 없어서, 그런 부담이 개혁적 의식을 가진 교수들과 관계된 것이기 때문에 대개는 지쳐버린다.

한편으로는 대학교수들의 학문적 독립성과 자유를 인정하면서, 다른 한편으로는 조직 운영에서는 그들이 오래된 권익을 계속 지키려는 보수성을 무너뜨리고, 대학을 새로운 상황에 창조적으로 적응할 수 있는 효율성과 전략을 갖춘 조직으로 만드는 일은 어떻게 가능할까? 한편으로 중요한 것은 대학교수들의 지적 창조성의 근거를 이루는 독립성과 자유를 빼앗아서는 본전도 못 찾는다는 점이다. 요컨대 대학이 대학인 이상, 그것은 대전제이다. 다른 한편, 현대의 대학 조직에 요구되는 곤란한 과제를 뛰어넘기 위해서는 독립성과 교수진의 평등, 자유의 정신에 기반을 둔 합의 형성만으로는 불충분하다. 대학이 일개 조직체인 이상, 다음의 세 가지 방법을 조합하는 통합력이 불가결하다.

첫 번째는 전망의 공유다. 대학은 학문적 진리에 준거하는 지적 공동체이다. 하지만 오늘날에는 중세의 대학처럼 그 '진리'가 '신'의 시선 아래에서 형성되는 것도 19세기부터 20세기에 걸친 대학처럼 '국가'의 이성으로서 발현되는 것도 아니다. 오히려 21세기 대학의 지적 탐구를 받쳐주는 준거 점은 미래의 '지구사회' (의 지속 가능성)가 되어버렸다. 세계 대학 순위로 일희일비하고 노벨상을 받았는가로 그 사람의 학문적 탁월성을 판단하는 것 같은 감각을 나는 가지고 있지 않은데, 그런데도 21세기의 우리는 지구사회에서 살아가고 있고, 대학이 지향하는 것은 지구사회의 미래에 조준된 가치세계적인 정수이다. 따라서 그러한 대전제에서 각 대학이 그 개성에 따라 어떤 전망을 할 것인가가 논의되고 교직원부터 학생까지 깊이 공유하지 않으면 안 된다.

두 번째는 보상이다. 이 보상에는 다양한 것이 포함되는데, 알기 쉬운 것은 경제적 보상 즉 돈이다. 대학교수로서의 일에 더해서 조직 운영에 특히 공헌하는 구성원에게는 그 공헌에 걸맞은 급여를 준다. 이런 기본적인 것이 국립대에는 전혀 없다. 모든 것이 자발적 참여 식이어서, 특히 사명감이 없는 교원은 될 수 있는 대로 그런 업무는 피하고 자기 연구에 전념하거나 외부조직의 위원 등이 되어 보수를 받고 사회적 지위를 확고히 한다. 현상으로서는 그런 쪽이 영리한 행동 방식이다. 다시 말하면 여기에 있는 것은 '평등'이라는 외양의 '불평등'이다. 일본의 대학에는 교원 간에 평등 원리가 강하게 작용하고, 특히 국립대에서 급여는 대부분 나이와 근속연수로 결정된다. 교육에 대한 공헌과 조직 운영 면에서의 대학에 대한 공헌은 급여에 그다지 반영되지 않기 때문에 거기서 노력해도 경제적으로는 보상받지 못한다.

다만, 일에 따라 돈을 주는 것은 그다지 고상하지 않다고 생각하는 사람도 있을 것이다. 그런 경우에는 인적 보상도 가능하다. 대학 교원에게 있어 연구는 자신의 존재가치이고 경력상에도 불가결한 것이므로 보통은 모두 노력한다. 하지만 교육은 성의 가지고 학생을 대하는 사람과 그렇지 않은 사람의 차이가 상당히 있다. 조직 운영 업무에 이르러서는 교수 중에는 그런 일에 전혀 부적합한 사람이 상당히 있으므로 천차만별이다. 이 조직 운영 업무와 교육은 할 생각이 없는 사람과 애초 부적합한 사람에게 강요해도 효과는 없다. 결국 의욕이 있고 힘도 있는 사람이 과잉 부담을 하게 된다. 이래서야 상당히 불평등하므로, '불평등'을 다소간이라도 바로잡는 급여 이외의 방법은 젊은 지원 스태프를 붙여주는 것이다. 즉, 교육과 조직 운영상의 업무가 많은 교원에게는 그 사람의 업무를 지원하는 젊은 스태프와 인건비를 충분히 할당할 필요가 있다. 이런 조치는 이계에서는 이미 구조화되어 있는 경우가 많으나, 문제는 예산이 불충분한 편이어서, 결국 전체적인 힘이 떨어지는 한 원인이 된다.

세 번째는 대학 운영의 실무를 맡은 대학 관리자와 교수진을 분업화해서 양자 간에 적절한 균형을 성립시키는 것이다. 이 점에서, 국립대는 사립대에 절망적일 정도로 뒤처졌다. 사립대학에는 사무조직이 상당히 갖춰져 있어, 교수진과의 균형이 성립된 곳도 있다. 일부에서는 이런 관계가 역전되어버려, 이사장 밑의 사무조직이 교수진을 지배하는 곳도 있을 것이다. 이것은 그 자체로 커다란 문제인데, 대학의 근간인 교수진의 독립성과 자유가 손상되기 쉽기 때문이다. 하지만 국립대에서는 역으로 교수진이 조직 운영상의 권한을 쉽게 가질 수 있는 곳이 많고, 사무조직은 교수진에 대해 '지시 대기' 상태가 되기 쉽다. 그 결과, 교수들은 이런 조직 운영상의 실무가 마치 교수진으로서의 자기 본연의 업무라는 착각에 빠져서, 대학교수의 실무 관료화가 진행된다. 이런 과정이 진행되면, 대학의 조직 운영을 맡은 사람들과 교육 연구를 맡은 교수들의 분업화는 점점 곤란해진다.

5. 대학은 갑각류에서 척추동물로 진화한다

일본의 대학을 지키는 다섯 개의 벽

21세기 지구사회에서 살아남으려는 대학에 가장 중요한 것은 사람, 지식, 자본의 모든 면에서 유동화, 탈경계화가 진행되는 세계에서 교육과 연구의 양면에서 고도의 질을 유지하는 조직상의 구조를 만드는 것이다. 최근, 잇따라 나오는 문과성과 중앙교육심의회의 '통지'와 '제언'은 한마디로 유동성이 가속도적으로 늘어나서 지금까지 당연하다고 생각해온 경계선이 애매해지는 와중에, 어떻게 고등교육의 질을 유지할 것인가 하는 관심으로 일관하고 있다. 이 관심은 학년, 학과, 대학, 혹은 국가의 벽이 21세기에도 계속 유지될 것이라고 믿는 사람에게는 이해되지 않을 것이다. 하지만 1990년대 이후의 세계화에서 세계가 어떻게 변했고 지금도 어떻게 변하고 있는가를 생각해보면 분명한 것처럼, '벽의 붕괴'를 더는 막을 수 없다. 세계화에서 종신고용·연공서열형 시스템의 붕괴까지, 이런 유동화의 물결 속에서 일어나고 있는 것에는 연속성이 있어, 이윽고 그것은 대학의 근간마저 변화시키고 있다.

하지만, 그런데도 지금도 여전히 기업과 지역사회에 비하면 대학은 훨씬 강고한 벽으로 보호되고 있다. 현 시점에서 대학을 보호하고 있는 벽은 다섯 개다. 첫 번째 최대의 벽은 '입시'다. 대학에 들어가려면, '입시'라는 두꺼운 벽을 넘는 게 절대 조건이다. 고교생은 이런 벽 너머에 어떤 풍경이 전개되고 있는지 모른채, "여하튼 벽을 넘으세요"라는 말을 듣고 고교 시절의 방대한시간을 투입하여 수험 공부를 하는 것이다. 그에 따라 일본의 고교 3학년의 학력은 세계적으로 봐도 순간적으로 매우 높아져 그것이 일본의 대학 초년 차의 수준을 지켜주는데, 이윽고 시간과함께 악화한다.

'입시'가 대학에 들어갈 때의 벽이라면, '취업 활동'은 나올 때의 벽이다. 입시처럼, 학생들은 벽을 넘어 기업의 정규직으로 들어가려 한다. '취업 활동'은 지금은 국민적 행사로, 이것에 따라대학과 일반사회의 관계가 맺어지는 게 현실이다.

세 번째 벽은 '학부의 벽'이다. 일본에 존재하는 것은 종합대뿐만 아니라, 연합 단과대 혹은 연합학교라는 것도 있다. 비교적대규모 종합대에서는 어느 학부에 소속되는가가 대학에 대한 이상 이상으로 커다란 의미로 쓰이게 된다. 많은 대학에서 학부마다 입시가 다른데, 커리큘럼의 세부 사항까지 다르게 정해져 있고, 전교적 교육 업무가 좀처럼 발달하지 않는다. 특히 학생 정원은 학부별, 학과별로 상당히 엄밀하게 정해져 있는데, 이런 틀은강고하게 지켜지고 있다.

네 번째는 '학년의 벽'이다. 일본의 대학은 고교까지와 같이학년제인데, 학년마다 획득해야 할 단위 수가 정해져 있다. 학년으로 나눠서 처리하는 방법은 대량생산형으로 효율적이지만, 본래 대학의 교육을 학년으로 나눌 필요는 없다. 목적과 능력을 몸에 익히게 하는 데 필요한 과목을 구조화하고 그를 위해 커리큘럼을 만들면 된다. 그렇게 되면 학년에 무관하게 정해진 과목을 취득하는 학생에게 학위를 수여할 수 있다.

최후로 다섯 번째는 '언어의 벽'이다. 일본의 대학에서는 '일본어'에 대한 쇄국화가 전후를 통해 진행되어왔던 것 아닐까. 특히 인문사회계에서는 외국어에서 일본어로의 번역은 활발하지만 그 반대는 그렇지 못했기 때문에, 일본어의 세계에만 갇힌 듯한 방법으로 학문적 언설이 체계화되었다. 그 결과, 지적 언어 세계의 일종의 갈라파고스화가 생겼다. 세계의 지식 동향에 통하는 매우 높은 수준의 연구와 논의가 이뤄졌음에도 불구하고, 해외 언어 세계와의 쌍방향성은 여전히 약하다.

예를 들면 일본어로 정밀하게 조립한 논의의 수준이 떨어질 것이라고 생각해서 영어 수업과 영어 발표를 기피하는 학생과 대학 교원이 있다. 그래서 그들은 해외 문헌을 자주 인용하고 번역서를 많이 이용한다. 확실히 일본어의 세계에서 구축되어 온 인문사회계 지식은 대체로 깊고 정밀한 수준에 도달했지만, 거기에 계속 집착하는 것 자체가 행위 수행적 수준에서 '언어의 벽'을 계속 쌓는 것이다. 실제로 그렇게 일본어만으로 정밀하고 깊이 논의가 이뤄져도 일본어를 모어로 하지 않는 해외 유학생에게는 전혀 이해되지 않는다. 거기까지 일본어를 숙련하라고 요구하는 것은 오만이라고 생각한다. 요컨대 이 경우, 일본어만으로 논의를 계속하는 것 자체가 일본어를 모어로 하지 않는 학생과 연구자에 대해서 벽을 쌓고 외부 감사를 방해하는 것이 된다.

이런 상태가 자명해지면, 일본어로 이루어지는 논의의 가치를 세계적인 지평에서 객관적으로 평가하는 게 불가능하다. 카사이 야스노리葛西康德 씨도쿄대교수는 "일본의 대학의 학사과정은 '외딴 봉우리'이다. 낮은지 높은지 알 수 없다"「Mixed Academic Jurisdiction - 글로벌 시대의 학사과정」, 『創文』, 2011년 가을, 3호고 표현하고 있는데, 정말 옳다. '산맥'을 이루고 있는 산이라면, 어떤 산이 높고 어떤 산이 낮은지는 일목요연하지만, 비교 대상이 없는 '외딴 봉우리'는 비교할 방법이 없다.

이 같은 폐쇄성을 바꾸기 위해서는 일정 비율의 수업을 영어화하고 지금까지 일본어 논의에 들어오지 못했던 유학생도 참가할 수 있는 공개 방식을 만드는 게 필수적이다. 정밀함과 깊이를 다소 희생하더라도 정수를 유지할 수 있다면 영어화는 가치는 있는 시도이다. 물론 중국인 유학생과는 중국어로 한국인 유학생과는 한국어로 프랑스인 유학생과는 프랑스어로 대화할 수 있다면 그것도 좋지만, 현실적으로는 좀체 가능하지 않고, 최대공약수적인 언어인 영어를 사용하는 것이 현실적인 대책이다.

갑각류에서 척추동물로—활유어로서의 대학

일본의 대학을 보호해주는 이 벽들은 상당히 굳건해서, 너무나도 자명했기 때문에, 대학인 다수는 자기들이 벽으로 보호받고 있는 약한 존재라는 점을 자각하지 못한 것으로 보인다. 그 때문에 새로운 변화에 대응하는 신축성도 '전통'이라는 이름으로 내부 계승의 논리가 우선시되어, '학문의 자유'를 방패로 밖으로부터의 간섭에 대한 거절의 정당화가 이뤄지기 쉽다. 비유적인 표현을 쓰자면, 일본의 대학은 새우와 게 같은 갑각류를 연상시킨다. 이것은 대학뿐만 아니라 일본의 조직 전반에 대해 할 수 있을지도 모르는 말인데, 딱딱한 껍데기로 외부와 내부를 분리해서 부드럽고 쾌적한 내부의 세포를 지킨다는 느낌이다.

하지만 갑각류는 아무리 진화해도 갑각류일 뿐이고 위협으로 느껴지는 변화에 대항해서 오로지 껍데기를 딱딱하게 해서 대항할 뿐이다. 하지만 그 딱딱한 껍데기가 만약 부서지면 일순간에 절멸종이 될 것이다. 이런 새우와 게라면 몰라도, 활유어라면 도저히 21세기에 살아남을 수 없다. 21세기의 세계화, 탈경계화, 유동화 속에서 교육과 연구의 질을 유지하기 위해서는 갑각류에서 척추동물로 새로운 진화를 이뤄야 할 필요가 있다. 물론 실제의 생물 종이 그러한 진화를 이룰 수는 없으므로 이것은 어디까지나 비유다. 사회 조직에서의 비유라면, 갑각류가 척추동물로 진화하는 혁명적인 계통수를 상상해봐도 좋지 않을까. 진화의 길로서 더욱 고도의 종에 도달하기 위해서는 딱딱한 껍데기로 몸을 보호하는 동물에서, 그런 껍데기를 내부에서 부숴서, 횡골과 종골을 가진 척추동물로 전화해야 한다.

좀 더 비유하자면, 활유어라는 생물이 있다. 활유어에는 등뼈는 없지만, 이것이 연체동물인 민달팽이와 결정적으로 다른 점은 등뼈처럼 머리부터 꼬리까지 몸을 지탱하는 조직이 통해 있다는 점이다. 이것을 척색이라고 부른다. 이 척색은 척추동물에도 개체 발생의 초기에 나오는 것인데 머지않아 사라진다. 하지만 활유어의 경우, 척색은 죽을 때까지 유지된다. 이처럼 척색을 가진 생물은 활유어 외에 술안주로 종종 나오는 멍게가 있다. 그리고 이 척색동물은 정확히 갑각류를 포함한 연체동물 일부가 척추동물로 진화하는 도상에 있는 종이라고 생각해왔다. 실제로 2008년 이 활유어에 대한 완전한 게놈 해독이 미국, 영국, 일본 등의 연구팀에 의해 이뤄져, 활유어와 사람 사이에 유전자 서열의 커다란 유사성이 있다는 점이 확인되었다. 즉 인류와 모든 척추동물의 선조가 이 척색동물인 활유어라는 점이 거의 증명된 것이다.

따라서 비유를 원용해서 설명한다면 우리들의 질문은 21세기 지구사회에서 '활유어로서의 대학'을 어떻게 구상할까 하는 질문이다. 새우와 게에 비교하면 활유어는 퇴화한 형태처럼 보인다. 하지만 다만 한 개의 척색이 몸을 관통함으로써 이것이 이윽고 척추로 진화하고 결국에는 인간이 태어난 것이다. 한번은 새우와 게로 진화했던 상태를 그 껍데기를 부수고 연체동물로 돌아가서 더욱이 척색동물로 전환했기 때문에 혼란이 생기는 것은 필연적이다. 하지만, 껍데기로 내용물을 지키지 않고, 척추를 통해서, 바깥과의 경계가 더욱 자유롭게 변화해서, 어류, 양서류, 파충류, 조류, 포유류처럼 환경 변화에 따라서 실로 다양한 종이 태어난 것이다. 이들은 모두 껍데기에 몸을 보호하는 방향이 아니라, 등뼈로 몸을 지탱하는 방향으로 대전환을 한 결과였다.

6. 21세기의 미야모토 무사시宮本武蔵

미야모토 무사시의 이도류를 대학에 도입하다

갑각류에서 연체동물로, 그리고 활유어 같은 척색동물을 거쳐 이윽고 척추동물로 진화해간 대학에는 두 가지 등뼈가 필요하다. 하나는 '횡골', 또 하나는 '종골'이다. 이 두 개의 축이 되는 뼈는 갑각류로서의 대학을 지키고 있는 다섯 개의 껍데기=벽이 구멍을 내서 거기에 새로운 신경계를 통하게 하는 것이다. '학부의 벽'과 '언어의 벽'에 구멍을 내서 새로운 신경계를 통하게 하는 것은 횡골이다. 여기에 대해 종골은 '입시', '학년', '취업 활동'이라는 세 가지 벽에 구멍을 내서 새로운 신경계를 통하게 하는 것이다. '종골'은 다음 장의 주제이므로, 이 장의 나머지 부분에서는 '횡골'에 대해 생각해보고자 한다.

그럼, '학부의 벽' 부분에서 설명한 대로 일본의 대학에서는 어떤 학부와 학과에 속하는가가 중요하다. 각각의 학생은 전문 분화한 특정 분야의 학과와 연구실에 속해서 그 분야의 지식을 깊이 배우기 위해서 단선적 커리큘럼을 다룬다. 물론 대학생이 돼서 최초의 2년간은 일반교육 과목이 일정 수 있는 것이 보통이 므로 분야 횡단적 과목도 학생이 배운다. 하지만 그런 과목과 전문 과목이 어떤 구조적 관계를 이루고 있는가는 애매한 경우가 많고, 결과적으로 일반교양은 일반교양, 전문지식은 전문지식이라는 가려 쓰기용 학습이 되기 쉽다. 요컨대, 각각의 전문 분야를 유기적으로 이을 방법으로 횡골이 통해 있는 게 아니라, 그들이 분포하는 영역 외부에, 일반적인 교양과목이 외부 영역으로 놓여 있는 것이다.

이에 대해 횡골이 통한 커리큘럼 구조를 실현하기 위해서는 전문 과목과 일반교육 과목이 나란히 놓인 구조가 아니라, 보다 입체적으로 대학의 학습에 깊이와 넓이를 가지게 할 필요가 있 다. 왜냐하면 복잡하고 유동적인 세계에서는 단순히 일반교양이 아니라, 이계의 전문지식의 특성과 연계해 문계적 지식을 받아들이는 구조와 문계적 전문지식과 연계해 이계적 지식을 받아들이는 구조를 정돈해서, 횡단적 전문인의 다양한 타입_{문계 중점형, 이계 중점형, 학제 횡단형}을 육성해갈 필요가 있기 때문이다.

바로 여기에 등장하는 것이 미야모토 무사시의 이도류二刀流다. 미야모토 무사시는 에도시대 초기의 검객인데, 항간에 유포되어 있는 이야기의 다수는 후세의 창작으로, 그가 정말로 이도류로 싸웠는지 어떤지는 정확하지 않다. 하지만, 미야모토 무사시와 이도류의 이미지는 우리 속에서는 일체화되어 있다. 그의 작품이라고 하는 『오륜서五輪書』에는 "한 자루의 장검은 접근전에는 부적합하고 좁은 장소에서는 불리한데, 무엇보다 장검에 의지하려는 마음이 좋지 않다"고 쓰여 있다고 한다. 마지막 "장검에 의지하려는 마음이 좋지 않다"는 꽤 자주 듣는 말이다. 변화하는 상황에서는 한 자루의 장검보다도 장검과 단검 두 자루 칼로 싸우는 게 어떤 상대에게도 신축적으로 대응할 수 있다는 뜻이라고 생각하는데, 이 말은 복잡화하고 유동화하는 현대사회에도 응용할 수 있다.

닫힌 전문지식을 단선적으로 배우는 일도류의 시대에, 대학의 학문도 주전공·부전공·복수전공이라는 틀로 이도류, 즉 다른 분야의 전문지식을 복선적으로 조합하는 시대로 변화한 것이다. 요컨대 복잡화·유동화하고 있는 현대사회에 대응하기 위해서는 학문을 조합해서 배우는 가치가 높아지고 있다는 것이다.

예를 들면 지금, 만약 20개의 전문분야가 있다고 할 때, 학생이 어떤 것 하나의 분야만을 고른다면, 학습의 유형은 20개밖에 없다. 하지만 만약 이것이 복수전공 즉 두 개 전문분야를 조합하는 방식이라면, 학습의 유형은 20×(20-1)÷2=190이 되어, 190종의 학습의 유형이 생긴다. 만약 복수전공·부전공제로, 어떤 전문도 주전공 커리큘럼과 부전공 커리큘럼을 준비한다면, 최후에 2로 나눌 필요가 없어지므로 학습의 유형은 380종이 된다. 다만 20개의 전문분야도 학습의 유형에서는 실로 다양한 가능성이 열린다.

물론 그들 조합에는 그다지 유효하지 않은 것도 있을 것이나, 예를 들면 '정보과학'공학과 '지적재산법'법학이라는 것은 재미있는 조합이다. 즉, 컴퓨터 네트워크와 디지털 기술에 밝고 또 지적 재산의 법적 처리가 전문적으로 가능한 젊은이는 어느 기업에서도 촉망받는 인재가 될 것이다. 또는 '환경과학'공학과 아시아의 '지역 연구'사회과학도, 세계적 기업과 국제기관에는 알맞다. 대체로 상당히 실학적인 지식과 철학적, 사상적인 지식의 조합은 유효하다. 제2장에서도 상론했다시피, 인문사회계 지식은 오랫동안 도움이 되는데, 그러한 유용성은 이런 이도류의 틀에서는 실학적, 공학적으로 짧게 도움이 되는 지식과 조합돼서 더욱 충분히 발휘될 수 있다. 특히 '철학'은 부전공 과목으로서는 황금 카드라고 생각된다. 단독으로는 쓸모가 없다고 경원하는 사람도 있겠지만, 공학과 철학, 의학과 철학, 경영학과 철학, 컴퓨터과학과 철학, 모두 유효하다. 문학부 철학과는 이도류의 틀에서는 두 번째로 선택할 수 있는 학과로서 큰 인기를 얻을 것이다.

미국의 '상식'과 ICU의 교육 개혁

이런 미야모토 무사시의 '이도류주의'는 실은 바다 건너 미국에서는 지극히 당연한 틀이다. 미국의 대학에서 가장 많은 것은 주 전공과 부전공을 조합하는 것으로, 더욱이 다른 주 전공을 동시에 이수하는 복수전공제도 있다. 예를 들면 아이비리그의 하나인 브라운대에는 학부 정원이 존재하지 않고, 학생은 입학 직후부터 전공과목을 이수할 수 있다. 이 대학 졸업 요건에서 전공과목이 차지하는 비율은 1/3 이하인데, 나머지 2/3은 전공과목 이외의 과목을 들을 수 있다. 이러한 틀에서는 주전공·부전공도 복수전공도 어느 쪽의 이도류도 가능하다.

그리고 일본에서도 미국의 시스템의 훌륭한 점을 받아들여, 본격적으로 이도류주의를 실시하고 있는 대학이 최상층 대학에 적어도 한 곳 있는데, ICU국제기독교대이다. ICU는 교양학부만 있는 대학인데, 이전에는 그 교양학부가 인문과학과, 사회과학과, 이학과, 어학과, 교육학과, 국제관계학과의 여섯 개 학과로 나뉘어 있었다. 그런데, 2008년에 대규모 교육 개혁을 하여 이 여섯 학과는 폐지되고 대신 31개 계통의 주전공이나 부전공으로 선택할 수 있는 프로그램이 설치되었다. 학생들은 경제학, 사회학, 정치학, 생물학 같은 전통적 전문 분야형에서, 젠더 연구, 세계화 연구, 문화 연구 같은 현대 지식까지를 자유롭게 조합해서, 자신에게 맞는 커리큘럼을 만들 수 있다.

당연히 과목의 조합은 400종 이상이 되어, 학습 포트폴리오라는, 학생 각각의 학습 카드를 만들고, 이수한 프로그램 과목의 내용, 성적, 수업 태도 등을 컴퓨터로 기록·관리하게 되었다. ICU에서는 교수와 학생의 대화를 중시하는 액티브 러닝이 실시되고 있는데, 그때 이 수학 포트폴리오에 기반을 두고, 개개인에게 맞는 교육 프로그램을 짜서 지도가 이루어질 수 있다고 한다.

　　ICU처럼 그 정도로 규모가 큰 것은 아니지만, 학생의 지적 수준이 비교적 높은 대학에는 총장과 이사회가 한 덩어리가 돼 교육 개혁에 몰두하면 혁신적 도전의 가능성은 확대된다. ICU 방식으로 학부, 학과의 종적 관계를 폐지하고, 주 전공·부전공제와 복수전공제를 도입하는 것이 하나의 방법이다. 하지만, 또 한 가지 가능한 것은 이런 복선적 구조를 대학을 넘어서 실현하는 것이다. 요컨대, 공통의 과목 번호 붙이기와 커리큘럼의 조율, 복수 대학 간의 프로그램 수준의 단위 호환 시스템을 실현함으로써, 광역적으로 각 대학의 강점·특색을 살려서 복선적 교육 체제를 실현하는 것이다. 여기서 말하 는 조율이란, 복수 대학 간에 교육 환경과 과목 내용, 평가 방법, 수학 지원, 기대 역량 등에 대해 호환성을 확대하는 수속을 가리키는데, EU의 볼로냐 프로세스를 통해서 유럽의 대학에서 발달해왔다. 이 광역 제휴는 국제 표준으로 제휴 기반을 만들면 그것을 그대로 해외에 확장할 수 있으므로, 국외대학으로의 유학과 해외 여름 프로그램의 학부 교육에 대담하게 실현할 수 있다.

국립대의 도전과 곤란

하지만 규모가 더욱 큰 종합대에서는 ICU 같은 이도류주의도, 광역 제휴형 복선 시스템도 간단히 실현할 수 없다. 그런 와중에 규슈대의 기간교육원에 대한 대처는 주목을 요한다. 이미 말한 바대로, 1990년대 대학 설치 기준의 완화는 종합대에 있어 일반 교육의 붕괴라는 부정적 결과를 초래했다. 여기에 위기감이 격화된 여러 대학은 2000년대에 들어서면서 새로운 방식으로 전교적 '폭넓은 학습' 프로그램을 어떻게 재구축할 것인가 하는 과제에 몰두해왔다. 그래서 규슈대는 여러 전문 학부에 분산되어버린 옛 교양학부 교원들을 다시 결집해서 기간교육원이라는 새로운 전교 차원의 교육 조직을 설립하였다. 그리고 이 기간교육원이 전교를 한데 모으는 방식으로, 전교를 횡단하는 '기간 교육Core Education 과목'이 조직되었다.

기초력 있는 대규모 종합대가 이런 전교적 교육 프로그램을 전개하는 기반 조직의 설치에 성공하자, 그다음에는 다양한 선진적 대처가 가능해졌다. 예를 들면 그 조직을 기반으로 세계적이고 실제적인 과제에 맞춘 부전공 프로그램을 실질화할 수 있다. 그런 프로그램은 바로 기존 학제에 다른 학부·학과 편성과 종횡으로 만나는 문자 그대로의 '횡골'이 될 것이다. 또, 그런 '횡골'과 기존의 학부·학과 사이에 조정·제휴 체제를 구축하는 것도 가능해진다. 그리고 그전에는 실질적으로 앞에서 이야기한 미야모토 무사시의 이도류, 즉 주전공·부전공제를 시행한 것과 같은 교육상의 효과가 생기는 틀이 형성되어, 그런 새로운 교육 시스템의 가능성을 학내외에 인지시키는 것이 가능하다. 다만 규슈대처럼 이도류를 향한 착실한 걸음을 하기 위해서는 총장을 중심으로 대학 최상층의 투철한 전망과 위기의식에 기반을 둔 학부·연구과의 협력이 불가결하다.

규슈대 외에도, 전국의 종합대에서 비슷한 움직임이 있는데, 그중에서 도쿄대는 아마 가장 전환이 어려운 대학 중 하나일 것이다. 이런 곤란은 그렇게 간단히 해소될 전망도 없고 절망은 하지 않지만 낙관도 불가능하다. ICU 같은 틀은 도쿄대생같이 수학, 영어, 국어에서 이과, 사회까지 많은 수험과목에서 고득점을 해온 학생에게는 정말 알맞다. 그들은 대체로 다양하게 학습을 깊게 하는 힘을 가지고 있는데, 도쿄대에 들어가면서 그런 지적 능력을 처치 곤란해 하는 것 같다. 왜냐하면 코마바 캠퍼스에서 보내는 전기 과정의 '일반교양'과 주로 혼고 캠퍼스에서 보내는 후기 과정의 '전문'이 구조적으로 연결돼 있지 않아 전문 지향의 학생에게는 일반교양이 쓸모없이 생각되고 교양 지향의 학생에게는 전문의 틀이 너무 좁다고 느껴지기 때문이다. 전체 학습을 단선적 구조에서 복선적 구조로 바꾸면, 본래 다양한 잠재력을 가지고 있는 도쿄대생은 능력을 지금까지 이상으로 발휘할 수 있게 될 것인데, 그 전에 가로놓인 벽이 너무 높다.

7. 미야모토 무사시를 육성하는 현장 - 수업 개혁

조제남조의 수업을 바꾼다

이 장을 끝내면서 마지막으로 21세기의 미야모토 무사시가 육성되는 현장 즉 교실에서의 수업에 대해 언급하고자 한다. 흔히 일본의 대학생은 세계에서 가장 열심히 하지 않는다고 말하는데, 이런 비판은 상당히 들어맞는다. 그런데 그 책임은 학생보다는 일본의 대학 교육의 틀에 있다. 일본의 대학의 과목 수와 이수 단위는 상당히 세분되어 있고 학생은 많은 과목을 이수한다. 게다가 각각의 과목이 어떤 체계 속에서 어떤 위상을 갖는가는 확실하지 않다. 이만큼 과목 수가 많으면, 학생은 각각의 수업에서 자신이 무엇을 배우는가를 잘 알 수 없게 된다. 대학에서의 학습이 고교까지의 공부와 질적으로 다른 것을 인식하지 못한 채, 세부 시간별로 학생을 계속 묶고 있다.

다른 한편, 일본의 대학에서는 하나하나의 과목의 부담이 해외에 비교해서 가벼워서, 간단히 단위를 취득할 수 있다. 예습과 복습은 권장되지만, 안 해도 단위는 취득할 수 있다. 때에 따라서는 수업에 출석하지 않아도 좋은 성적을 주는 '부처' 같은 선생도 있을지도 모른다. 최근에는 성적 평가의 표준화가 이뤄져서 이런 부류의 교원은 감소했다고 생각되는데, 누가 그런 '부처'인가 하는 정보는 학생들 사이에서 곧 퍼진다. 수업 내용과 관계없이 그런 선생의 수업은 학생으로 흘러넘친다. 이런 체제가 계속되는 한, 학생이 단위 취득에 필요한 최소한의 노력밖에 들이지 않는 것은 합리적이다. 이런 느슨한 성적 관리는 최근에는 상당히 시정되었다고 생각하지만 그런데도 엄격한 성적 관리를 하는 유럽과 미국 대학과 차이는 있다. 결과적으로 일본의 대학의 성적은 국제적으로도 상당히 신뢰를 얻지 못하게 되었다.

일본의 대학에서 행해지고 있는 수업은 조제남조품질이 낮은 물건을 마구 만들어냄-역자다. 각각의 교원이 개인 상점식으로 열어서 내용도 천차만별이다. 그렇게 품질이 불균형한 수업을 한 주에 다만 90분 전후 수개월에 걸쳐 들어도 뭔가 배웠다는 충족감을 얻기는 곤란하다. 이런 방식이 아니라, 수업 상호 관계를 구조화하고 커리큘럼 전체의 질을 높여 조제남조품을 몸소 정밀한 공예품으로 개선할 필요가 있다. 거기에는 학생에 의한 수업 평가도 중요하다. 대학 교원은 각자의 전문 분야에서는 전문가이지만 커리큘럼의 전체 구조를 이해하고 있더라도 수업의 방식에서 기초적인 훈련이 돼 있는 것은 아니다. 각각의 주제에 대해서 교실에서 학생들에게 가르치고 있는 개개의 교수와 그런 수업 전체를 관리하는 사람은 애초 다른 차원의 관점에 서 있어야 한다. 거기에는 커리큘럼 구조의 가시화도 필요할 것이다. 개설한 과목을 열린 형태로 가시화하는 일이 요구된다. 학부와 학과의 틀을 넘어서 강의 요지를 통일하고 그 공개와 과목 간 관계의 가시화를 행하는 것이다.

학생은 자신이 배우고 싶은 주제를 다루는 과목이 있는가를 확인한 다음에 과목 선택이 가능하다.

이런 구조화 이상으로 중요한 것은 과목 편성을 소수정예로 해서 학생이 이수하는 과목 수를 줄이는 것이다. 주당 한 과목의 표준 시간 수를 현재의 몇 배로 늘리고 각 과목의 단위 수도 늘린다. 역으로 학생이 이수하는 전체 과목 수를 지금보다도 대폭 줄이다. 요컨대 질 높은 과목을 엄선하여 중점적으로 배우게 하는 틀로 바꾸는 것이다. 그 결과 학생은 이수하는 과목에 지금까지 이상으로 집중하도록 요구받고 성적 평가도 엄격히 이뤄지도록 해야 한다.

전체적으로 교수의 부담이 줄어들지만, 각각의 수업에 대한 교수의 책임은 무거워진다. 그러므로 현재와 같은 다수의 과목이 죽 늘어선 상태로는 각각 TA 등의 지원 스태프를 배치하는 것은 불가능할 것이다. 무엇보다도 하나의 과목에 학생 한 명 한 명이 깊고 넓게 배울 수 있도록 해야 한다.

이런 충실한 지원 스태프는 액티브 러닝과 팀 티칭을 실현하기 위해서는 불가결하다. 한 주에 한 과목의 시간 수가 180분이되면, 그 모두를 강의로 충당하는 것은 비효율적이다. 강의는 60분, 그리고 나머지 120분은 토론과 현장 조사에 쓰고, 학생들의 학습을 더욱 깊이 있게 해야 한다고 생각한다. 지금까지처럼 일방적인 강의 형식은 대중매체형으로, 교수가 가진 지식을 많은 학생에게 뿌리는 구조인데, 관계망 사회에서는 전원 참가형의 틀이 대학에도 요구되며, 학생들의 주체적·능동적 학습이 차지하는 비율이 높아지고 있다.

대학 교육은 어디로 향하는가?

아마도 일본의 대학 개혁에 무엇보다도 필요한 것은 대학 그 자체의 재정의일 것이다. 급격한 확대의 결과, 800개에 가깝게까지 난립한 대학은 정원 미달, 질의 악화, 매력 상실이라는 악순환에 빠졌고 지금은 사양 산업이 돼가고 있다. 2010년 이후 학생 모집을 정지한 대학이 줄이어 나오고 있는데, 단순한 조직 유지를 위해 광고를 앞세워 내용물이 동반되지 않은 학부만을 만들어 오고 있는 대학은 앞으로 맨 먼저 도태될 것이다. 정말 살아남고자 한다면 임시변통의 연명책을 반복하지 말고 대학 교육의 재정의가 필요하다. 거기에는 대학을 그 속에만 갇힌 것으로 정당화하지 않고, 그 존재를 널리 길게 사회에 재위치시켜서, 그 위상을 새롭게 생각할 필요가 있다. 그때 대학이 갑각류적인 껍데기의 세계에서 벗어나서 '횡골'과 '종골'을 가진 척추동물이 되는 진화가 재정의의 기둥이 될 것이다.

대학의 재정의가 필요한 것은 대학 진학의 가치 자체가 의문시되고 있기 때문이다. 저출산 및 대학의 난립에 따라 대학은 누구라도 갈 수 있는 곳이 되었다. 또, 인터넷 사회는 지식에 대한 접근을 극적으로 쉽게 만들었고, "인터넷을 보면 뭐든지 알 수 있다"는 인식이 일반화되고 있다. 그런 시대, 대학에서 배운다는 것이 사회와 실생활에서 어떤 의미가 있는가 하는 의문이 높아져가고 있다.

일찍이 훔볼트가 "교육과 연구의 일치"를 들어 대학을 재구축했던 19세기는 국민국가의 시대였고, 대학은 국민국가에 의해 다양하게 뒷받침되었다. 하지만 국민국가가 퇴조하고 있는 현대, 대학을 뒷받침하는 국가의 힘은 약해지고 있다. 그런 흐름 속에서, 대학은 사회와의 관계를 어떻게 새롭게 맺고 그 사회에서 어떤 가치를 가지는지를 보여주지 않으면 안 된다. 이제는 '교육과 연구'만으로 대학이 그 가치를 증명하기가 어려운 시대가 되었고, 사회적 실천이라는 제3의 요소가 중요해졌다.

그런 의미에서, 21세기의 대학은 캠퍼스에 갇힌 존재여서는 안 된다. 길거리, 박물관과 미술관, 도서관과 극장 등의 문화시설, 기업의 공장, 디자인하우스, 산간벽지와 재해 피난지, 그리고 해외 자매대학의 캠퍼스로, 대학의 활동장은 넓어지고 있다. 그 결과, 지금까지 대학 캠퍼스 내에서 유지되던 폐쇄적인 아카데미즘의 관습은 시정 사람들의 일상 실천 활동과 기업의 경제활동, 지역의 지역 활성화 활동 현장, 더욱이는 해외 대학 등의 다언어적 장에서 상대화될 것이다.

고도로 정보화되고 네트워크화된 현대의 지식 기반형 사회에서 과거로부터 축적되어 온 방대한 지적 자원을 대학은 넓게 열린사회의 '캠퍼스'에서 과제 발견·해결로 향한 교육 활동으로 연결하고 있다. 그런 대학으로 바뀔 수 있다면, "대학에 가는 게 무슨 의미가 있는가" 하는 질문은 사라질 것이다.

제4장

인생에 세 번, 대학에 들어간다

1. 대학은 인생의 통과의례인가?

고교와 대학 사이에 존재하는 두 가지 벽

앞 장에서는 대학의 위기를 극복하기 위해서 대학과 학부가 껍데기로 몸을 보호하는 갑각류에서 종골과 횡골=척추로 조직이 이어지는 척추동물로 진화하지 않으면 안 된다는 점을 이야기했다. 앞 장에서 논한 '횡골'은 분야적·공간적 '뼈'로, 문리의 틀을 넘어서 다른 학문 분야를 이음으로써 새로운 가치 창조를 지향하는 것도 그중 하나다. 이에 반해 이 장에서 논의할 '종골'은 경력적, 시간적 '뼈'로, 고교에서 사회인까지의 연속적 학습의 경로를 어떻게 구축해갈 것인가 하는 것과 관계가 있다.

대학을 싸고 있는 다섯 개의 벽 중, '학부의 벽', '언어의 벽'에 구멍을 내는 것이 '횡골'이라면, '종골'은 '입시의 벽', '학년의 벽', '취업 활동의 벽'에 구멍을 내는 것이다.

　우선 '입시의 벽'에 어떻게 구멍을 낼 수 있는가를 생각해보자. 이 구멍은 물론 고교와 대학을 접속하는 틀과 관계가 있다. 그런데 여기서 고교와 대학 간에는 두 개의 벽이 있다는 점에 주의할 필요가 있다. 물론 하나는 입시의 벽이고 다른 하나의 벽은 커리큘럼 간격이라고 할 수 있는 교과의 벽이다. 이 두 개의 벽이 고교와 대학 간의 개방성을 낮게 한다. 교과의 벽이란 요컨대 고교와 대학의 학습의 구성이 커다란 차이를 갖고 있다는 것이다. 고교의 주요 다섯 과목은 '수학', '국어', '외국어주로 영어', '이과물리, 화학, 생물, 지구과학', '사회역사, 지리, 공민'이다. 이에 대해 대학에서 배우는 것은 '공학', '의학', '농학', '법학', '경제학' 같은 응용 지식이 중심이다.

　이런 응용 지식에 대응하는 학습이 고교에는 없다. 이학부수리학과, 물리학과 등와 문학부국어학과, 영문학과, 역사학 등처럼 고교에서 배우는 교과와 연결되는 학부도 있지만, 다수는 오히려 고교에서 배운 적도 없는 응용 학문이다. 고교생은 대학에 들어가서 처음으로 응용 지식에 접하고, "공학이란", "의학이란", "법학이란", "경제학이란" 같은 초보적인 것부터 배우지 않으면 안 된다.

　대학의 지식은 구조적으로도 고교의 지식과 다르다. 고교에서는 기초 지식을 배우고 질문에 대해서 정답을 도출하는 능력을 몸에 익히는 것을 요구받는 데 반해, 대학이 학생에게 요구하는 것은 기존 지식을 내재적으로 비판하여 창조적인 질문을 유도하는 '문제 발견의 지식'이다. 대답을 알려면 교과서를 보면 되는데, 그것은 대학 학습의 중핵은 아니다. 어쩌면 교과서 내용이 틀렸을지도 모른다는 의문을 던지고 그런 의문을 심화시키는 것이 대학에서 할 '학습·연구'인 것이다.

현상을 깊이 생각하고 비판하고 과제를 발견하며 더욱이는 미해결의 질문을 발견하는 힘을 기르는 것을 목적으로 하는 대학의 학습은 기초적인 학력을 몸에 익히고 해답을 내기를 요구하는 고교의 학습과는 비연속적이다. 양자 사이에는 단층이 있는데, 고교 시절의 수재가 대학에서 학문적으로 성공하는 것은 아니다. 단정적으로 말하자면, 중학과 고교에서 요구되는 우수함은 확실한 기억력과 사고의 치밀함, 착실한 노력 등 '실패하지 않는 능력'인데, 대학에서는 그런 기초에 서면서도 오히려 '실패하는 능력'을 요구한다. 실패를 두려워하지 않고 자신의 의견을 주장하는 것, 실패를 두려워하지 않고 질문을 던지고 실험하는 것, 실패를 두려워하지 않고 조사와 인터뷰의 교섭을 하는 것. 이것들은 모두 대학에서 반드시 요구되는 지적 활동이다. 틀림없는 일만 하는 사람은 수험에는 합격할지 모르지만 대학에서는 발전할 수 없다. 하지만 틀린 게 많은 사람은 이 두 종류의 능력을 잘 연결할 수 있다.

입시 개혁과 커리큘럼 간격의 관계

이런 연결을 위해서는 입시라는 벽을 넘어선 맞은편에는 어떤 것이 요구되는가를 고교생에게 좀 더 이해시킬 필요가 있다. 구체적으로는 대학이 가진 교육 자원전자화 교재, 네트워크 환경, 학습자 중심형·토론형 수업 도구과 고교가 협동하여, 고교생이 최첨단의 학문 지식을 조기에 획득할 수 있는 환경을 실현해야 한다. 고교에서도 대학에서 배울만한 응용 지식을 가르치는 장을 만들고 그 분야의 전문 지식을 가진 학부와 대학원 출신의 젊은 인재를 배치하는 조치도 취할 필요가 있다.

하지만 실제로는 고교 2학년 말 무렵부터 고교생에게는 수업 내용보다도 대형 예비교의 모의시험으로 판정되는 편차치가 중요해져, 커리큘럼 간격의 문제는 도외시된다. 많은 경우 고교 생활 최후의 1년간은 '입시'라는 목전의 벽을 넘는 데 집중될 수밖에 없다. 그러므로 정말 고교와 대학을 잇기 위해서는 커리큘럼 간격 해소와 더불어 입시 개혁도 필요하다.

입시는 학생의 지적 능력을 '시험문제'로 측정하여 수치 선상에 늘어놓고 가르는 작업이다. 편차치로 명확하게 수치화되는 이런 능력은 그 사람의 기억력과 지적 사고력, 지식의 양과 어느 정도 상관있지만, 그 사람이 무엇에 관심이 있는가, 어떤 잠재력을 가지고 있는가를 보여주는 것은 아니다. 따라서 각각의 수험생이 입시를 통해서 자신의 적성에 맞는 학부에 입학하여 대학에서의 학습을 통해 그 능력을 발전시킨다고는 할 수 없는 것이다.

이것을 바로잡는 하나의 방법은 입학 후에 대학에서 배우는 커리큘럼을 복선화하는 것인데, 또 하나의 방법은 고교 수업과 커리큘럼 속에 가능한 한 대학 학습에 대한 도입부를 삽입하는 방법도 있다. 고교생이 대학에 오든 대학 선생이 고교에 가든 어느 쪽이라도 좋다. 다양한 기회를 잡아서 고교 학습에 대학 학습과의 연결점을 넣을 필요가 있는데, 그런 조치는 최근 급속히 활발해지고 있다.

다른 한편, 최근에는 대학 입시의 방식이 상당히 변화하여, 입학사정관제와 자기추천 등, 필기시험만이 아닌 방법으로 입학자를 선발하고자 하는 대학이 늘어나고 있다. 하지만, 고교와 대학의 연결에서의 기본 구조에는 손을 대지 않고 선발 방법만 변화시키는 것에는 한계가 있다. 왜냐하면 입시 방법을 고안하는 것만으로는 반드시 그 방법으로 고득점을 얻는 비결을 가르치는 입시학원이 나타나, 실용적 방법의 공부에 중점을 두기 때문이다. 그런 공부는 아무리 해도 대학이 본래 요구하는 학습의 질과 연결되지 않는다. 이런 궁지를 돌파하기 위해서는 고교의 학습과 대학의 학습을 학생 선발과 학습 내용의 양면에서 동시에 할 필요가 있다.

요컨대 한편에서는 단발 승부에 가까운 필기시험이 아니라, 고교의 수학 성과를 대학 수험의 합격 여부에 적정하게 연결하는 틀이 필요하다. 다른 한편 고교 학습에서 지금까지는 대학에서 시작했던, 스스로 질문을 발견하고 깊게 하는 커리큘럼을 충실하게 할 필요가 있다. 그렇게 해서, 고교와 대학 사이의 벽에, 선발 방법과 학습 커리큘럼의 양면에서 바람구멍을 내어서 학습의 연속성을 만들어낼 필요가 있다.

2. 인생에서 대학을 위치 짓다

들어가기 가장 어려운 대학이 가장 좋은 대학은 아니다.

대학의 질을 유지하기 위해서는 입학자를 엄격하게 선발하는 입구 관리 방법과 졸업생을 단계적으로 축소해가는 출구 관리 방법의 두 가지가 있다. 일본과 중국, 한국 같은 동아시아의 대학은 기본적으로 입구 관리로, 입시의 벽이 상당히 높고 강고하다. 여기에 대해서 유럽과 미국의 대학은 기본적으로 출구 관리이다. 입학은 입학사정관이 허가를 내주고 있는데, 동아시아의 여러 대학처럼 단발 승부의 입학시험으로 모든 것이 정해지는 것은 아니다. 하지만 졸업에 관해서는 일본의 대학보다 훨씬 엄격한 심사를 넘어야 한다. 일본의 대학은 메이지시대부터 그리고 특히 전후 유럽·미국형 교육 제도를 다수 받아들여 왔는데 출구 관리의 틀은 발달하지 않았다.

한편으로 출구 관리의 문제점은 가성비의 나쁨 즉 입학은 하지만 도중에 탈락하고 졸업하지 못하는 학생이 상당한 비율로 출현한다는 것이다. 다른 한편 입구 관리의 문제점은 사회는 대학을 입시의 어려움으로 판단하기 때문에 그 대학이 어떻게 학생을 교육하고 학생은 무엇을 어떻게 배워서 어떻게 성장했는가 하는 입학 후의 학습이 경시되기 쉽다는 점이다. 실제로 일본의 대학의 사회적으로 통념화되고 있는 '서열'은 이 입학의 어려움에 대응하고 있다. 이미 수십 년 사이에 종합적으로는 일관해서 도쿄대가 1등이고, 교토대가 그 뒤를 잇는다. 입구의 편차치적 어려움의 서열이 거의 그대로 대학의 서열인 것처럼 생각되기 쉽다.

하지만 들어가기 가장 어려운 대학이 가장 좋은 대학은 아니고, 입학한 학생에게 좋은 인생을 열어줄 수 있는 대학도 아니다. 예를 들면 『주간 다이아몬드』2015.11.7가 「최강 대학 순위」라는 흥미로운 특집을 낸 바 있다. 이 특집에는 연구뿐만 아니라 교육, 취직 등의 측면에서 일본 국내의 대학의 실적을 계산하여 순위를 매기고 있다. 그 결과, '세계적 교육력'에서는 1위에서 5위까지는 국제교양대아키타, 미야자키국제대미야자키, 리츠메이칸아시아태평양대오이타, ICU국제기독교대, 도쿄, 아이즈대후쿠시마로 이어졌는데, 지방세가 상위를 독점하고 있다. 도쿄의 대학에서 높은 평가를 받은 것은 ICU 정도이고, 국립대에서는 도쿄공업대가 7위, 도쿄외국어대가 8위, 나가오카기술과학대가 10위, 도호쿠대가 11위,

히토쓰바시대가 12위로 간신히 상위층이고, 도쿄대는 놀랍게도 24위, 18위인 교토대보다 한층 아래 순위였다. '세계적 기업 취직력'에서도, 1위에서 5위까지는 도쿄공업대, 국제교양대, 히토쓰바시대, 게이오대, 오사카대가 늘어서 있다. 이것은 '세계적'이라는 편견 어린 평가이기는 하지만, 교육력에서도 취직력에서도 도쿄대, 교토대는 결코 상위 학교가 아니다.

우리는 대학의 수준을 무심코 입시의 어려움 즉 입구를 돌파하는 합격자의 편차치로 평가해버리지만, 대학의 진정한 가치는 그 대학이 입학한 학생을 어떻게 교육할 수 있는가, 또 졸업한 학생들이 얼마만큼 사회에서 활약할 수 있는가에 있는 것이다. 그런 관점에서 일본의 대학을 새롭게 바라볼 때, 우리는 당연하게 생각해 온 도쿄대·교토대를 정점으로 한 피라미드 이미지는 이미 과거의 것이 되어버렸을지도 모른다. 적어도 수많은 사람의 머릿속에서 고정관념으로 있는 국내 대학 피라미드가 어디까지나 입시의 편차치에 대한 평가에 기반을 둔 것에 지나지 않고 대학에서의 학습의 충실도와 졸업 후의 인생에서의 평가가 아니라는 점을 확인하고 고정관념을 의심하기 시작해 볼 가치가 있다.

입구 관리에서 출구 관리로의 이행은 가능한가?

대학 교육을 실질적인 것으로 만들고 또 그것이 대학의 인재 육성하는 힘으로 지속적으로 강화되게 하기 위해서는 입학에서 졸업까지의 틀을 입구 관리에서 출구 관리로 전환하는 것이 가장 효과적이다. 하지만 이 전환을 진정으로 실현하는 데는 적어도 상위 학교가 보조를 같이해서 일제히 하지 않으면 불가능하다. 왜냐하면 만약 상위 학교에서도 한 개만 출구 관리로 이행한다면, 그 대학은 '좀처럼 졸업하기 힘든 대학'으로 알려져서, 수험생이 꺼리고 대학의 수준이 내려가 버리기 때문이다.

혹은 도쿄대와 교토대 같은 최상위 학교가 출구 관리로 이행을 결정해서 입학의 장애물을 낮춘다면, 수험생이 쇄도해서 본래의 입학 정원을 대폭 넘어서 입학자를 받을 수밖에 없다. 그 경우 당연히 그 수험생의 상당 부분은 그때까지 최상위 바로 아래의 학교에 들어갔던 층일 것이기 때문에 최상위 바로 아래 학교에서 맹렬한 반발을 받는다. 또, 최상위 바로 아래 학교도 같은 조처를 하면, 편차치적으로 중위 이하의 대학은 모집 정원을 채우지 못하고 순식간에 경영 위기를 맞을 가능성이 있다. 약 780개까지 늘어나 버린 대학 전체가 이런 움직임을 간단히 인정할 리가 없다. 다만 상위 학교가 하나로 뭉쳐서 하나씩 출구 관리를 엄격히 해나가고 거기에 따른 질 보증을 명확하게 외부에 호소하는 것은 가능하다. 상위 학교가 동시에 그런 움직임을 보여준다면 중위 대학도 거기에 따를 것이다. 사실 오늘날 유럽·미국의 대학이 유학생과 졸업생을 받아들일 때 그런 질 보증을 요구하고 있어서, 대학 전체는 성적 평가를 엄격하게 하고 GPA도 내는 방향으로 움직이고 있다.

입구 관리에 의존하는 일본의 상황과는 달리, 유럽과 미국의 상위 대학에서는 입학에서는 다양한 학생을 받아들이고, 그 후, 각 과목의 성적과 졸업은 엄정히 관리하고 있다. 즉, 입구 관리가 아니라 출구 관리이다. 유럽·미국 대학은 기본적으로 입학사정 관제로, 필기시험은 보지 않고 고교의 성적과 내신, 추천장, 모의 학력고사 등을 기준으로 수험생을 선발한다.

나 자신, 대학원의 영어 프로그램에서는 10년 가까이 이런 방식으로 입학 심사를 해오고 있는데, 그 경험을 근거로 말하자면, 서류 심사에 의한 선발은 선발하는 측이 경험을 쌓고 게다가 GRE북미 대학원 지원할 때 점수 제출을 요구받는 시험와 GPA 성적을 신뢰할 수 있다면, 한 번의 시험으로 합격 여부를 정하는 방식보다도 신뢰도도 높고 인재를 고를 가능성도 높다. 서류만으로 정말로 괜찮은 것일까 하고 일본인 일반의 '상식'으로 보면 걱정이 될 수도 있지만, 실은 단발성 필기시험 결과보다도, 적정하게 이뤄진 여러 심사의 평가 쪽이 신뢰할 수 있다. 다만 그 대전제는 그들 과거의 평가가 적정히 이뤄져 왔다는 것이다. 오늘날 세계적으로는 각 기관이 보내오는 인재에 대해서 책임을 지고 적정하게 평가하고 기관을 넘어서 그 결과를 신뢰하는 시스템을 확대해가고 있다. 그런데 일본에서는 지금도 다른 기관의 평가를 신뢰하지 않고 각각 단발승부인 입시를 실시하고 있다. 이런 비효율로 획일적인 입구 관리가 일반적이기 때문에 사립대는 학부별로 다른 시험일을 설정하는 등의 방법으로 매년 많은 금액의 수험료를 거두고 있다. 이것은 수험생을 위한 것이라기보다도 사립대의 기득권을 지키는 시스템이다.

인생에서 대학을 새로 위치 짓다

고등교육의 미래를 향해서 고교와 대학을 새롭게 연결 짓는 데에는 커리큘럼 간격을 메우면서 '입시의 벽'에 바람구멍을 내는 게 불가결한데, 그렇게 그들이 대학에 입학한 후에 보는 '학년의 벽'과 '취업 활동의 벽'에 바람구멍을 내기 위해서는 대학과 사회의 관계를 새롭게 맺을 전망이 필요하다. 즉, 한 사람 한 사람의 학생이 대학에서 보내는 4년간을, 본인의 인생에서 어떻게 위치 지으려고 하는가―이런 위치 지음을, 지금까지 일본인 일반의 '상식'에서 전환할 필요가 있다.

왜냐하면 지금까지도 많은 사람이 대학 생활 4년간을 '입시'와 '취업 활동'에 낀 일시 정지, 일종의 통과의례 같은 시간으로 간주하기 때문이다. 일본의 젊은이들이 대학에 기대하는 것은 학문 운운하기보다도 그 대학을 졸업하는 게 취직에 유리하게 작용하는가와 추억에 남을 경험을 쌓는 것일 수 있다. 확실히 만약 대학이 고교를 졸업하고 사회인이 되어가는 중간에 있는 통과의례적 시간에 지나지 않는다면, 그 통과의례에 기대되는 것은 일정의 기초 학력을 가진 젊은이를 선발하여 추억에 남을 인생 경험을 하게 하는 것이다. 그렇게 되면, 대학에서의 학습의 내용과 성과가 정말로 질문 받는 일은 없다. 게다가 이미 말한 바대로, 전전의 구제 고교에서 행해진 교양교육의 대부분은 전후에는 신제 대학의 일반교육 과목으로 변화했는데, 다른 한편으로 그 구제 고교의 교양교육의 일부가 신제 고교에도 남은 것은 아니었다. 즉 이것은 '고교'가 소위 '중학'화하고 중학과 고교의 연속성이 커졌음에도 불구하고, 역으로 '고교'와 '대학'이 불연속적으로 되었다는 것이다. 인구 증가가 계속되고 기초력을 갖춘 대량의 동질적인 젊은이를 만드는 게 최우선이었던 시대에는 그것도 어쩔 수 없는 일이었을지도 모른다. 그 경우, '중학→고교→수험'이 일직선으로 이어지면서 '대졸 인재'의 지적 능력의 골격을 만들었다. 그리고 대학은 대학 수험까지의 기초력 육성기와 그들이 실제로 사회에서 일하게 될 때까지의 중간에, 자유롭게 청춘을 구가할 시간으로 위치 지어졌다.

확실히 일본에서 1960년대부터 1980년대까지, 대학의 인문사회 지식의 학습은 비교적 높은 수준에 이르렀다고 생각하는데, 그런 수준의 유지는 '풍요로운 시대'에 대졸 젊은이들이 학생 시절에 놀아도 어떤 기업에도 취직할 수 있었던 행복한 시대를 배경으로 하고 있다.

물론 교수로서는 대학은 본래, 그런 일시 정지를 위해 존재하는 게 아니라, 사물을 깊이 생각하고 비판하고 과제의 발견과 해결에 나설 힘을 기르는 장소라고 말하는 건 가능하다. 하지만 이런 부류의 '정론'에 곧 반응하는 것은 대학생 중에서도 특별히 성실한 일부에 지나지 않을 것이다. 오히려 "총론은 그럴지도 모르지만, 내게는 '취업 활동'이 첫 번째고, '동아리 활동'이 두 번째"라고 많은 학생은 답할 것이다. 그러므로 대학에서의 '학습의 가치'에 있어서의 다양한 정론은 그러한 '가치'를 각각의 학생의 이후 인생의 전망 속에서 설득력 있게 위치 짓지 못하면 무력하다. 여기서 또, 대학에서의 학습이 "도대체 어디에 도움이 되는가"를, 인류와 사회에 대해서 이상으로 각각의 학생의 인생에서 보여줘야 한다.

그리고 제2장의 반복이지만, 의학과 법학법률 분야, 공학과 경영학에서는 직업과의 연관성이 강하기 때문에 이런 설명을 하기는 쉬운데, 법학·경영학 이외의 인문사회과학과 교양과목 분야에서는 이런 질문은 어렵다.

3. 인생의 선로 전환기로서의 대학

이상할 정도로 동질적인 일본 대학생의 나이 구성

단순히 법학과 의학, 경영학, 공학 같은 전문성과 실용성이 명료하고 거기서 배우는 것이 인생의 경력과 직결되는 분야뿐만 아

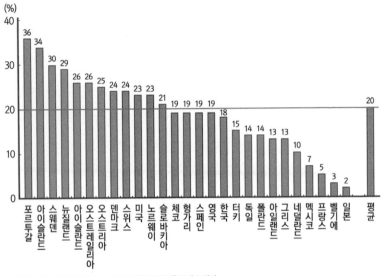

〈그림 4〉 25세 이상의 학사 과정 입학자 비율의 국제 비교(2011)

니라, 인문학과 사회과학, 교양과목 같이 직접적으로는 실용적이라고는 할 수 없는 분야까지 포함해 대학에서의 학습이 거기서 배우고자 하는 사람들의 인생 전망 속에서 위치 지어질 수 있으려면 대학을 '입시'와 '취업 활동'의 사이에 낀 일시 정지의 기간이라는 위치에서 해방할 필요가 있다.

일본에서는 지금까지 대학은 기본적으로는 고교를 졸업해서 곧 들어가는 곳으로, 연장자의 입학은 대체로 '사회인 과정'에 한정돼왔다. 결과적으로 일본의 대학에서 25세 이상의 입학자는 국제적으로 볼 때 극도로 낮은 비율에 머무르고 있다. OECD의

2011년 자료에 근거하면, 일본의 대학에서 25세 이상의 입학자가 차지하는 비율은 불과 2%, 세계의 선진국들 중 이 정도로 연장자 비율이 낮은 나라는 없다. 예를 들면, 스웨덴, 핀란드, 노르웨이, 스위스, 오스트리아, 게다가 미국은 25% 전후, 대략 대학생 네 명 중 한 명이 25세 이상이다. 영국은 약 20%, 독일은 약 15%가 25세 이상이므로, 어떤 적은 인원의 수업에서도 몇 명은 연장의 학생이 있는 것이다. 한국에서도 약 18%의 대학생이 25세 이상인데, 학생의 나이 구성은 일본보다 훨씬 다양하다. 물론 징병제 국가와 아닌 국가에서의 사정의 차이도 있을지 모르겠으나, 그런데도 일본의 대학생은 연령상으로 이상할 정도로 동질적이다. 이런 동질성은 앞으로의 대학에 있어서 긍정적이라고 할 수는 없다.

이런 대학생의 나이 구성상의 동질성은 일본에서는 대학이 고교까지와 마찬가지로 '학년'으로 진급하는 조직이라는 점과 관계가 있다. 대학에 입학하면 마치 쌍육처럼 1학년에서 2학년, 3학년, 4학년으로 순서대로 진급하고 졸업한다. 그러므로 단지 1년의 차이라도 '선배', '후배' 관계가 비교적 확실하고, 앞 단계로 나가지 못한 사람은 '유급' 취급을 당한다. 이처럼 '학년'으로 벽을 만드는 방식은 사회에서도 '나이'와 '입장'을 대응시키는 사고와 연결되고 연공서열적 경향을 조장한다. 그리고 이 '학년 쌍육'적 사고가 대학은 고교를 갓 졸업한 젊은이가 가는 곳으로 나이를 먹고 대학에 다시 들어가는 것은 상당히 공부가 좋거나 특별히 의지가 강한 사람들이라는 통념의 대상이 되어, 일본 대학생의 이상할 정도의 연령적 동질성을 정당화한다. 하지만 대학의 학습은 고졸 수준 이상의 학력을 몸에 익히면 어떤 나이에서도 시작할 수 있다. 미래의 대학 캠퍼스에는 30대, 40대, 50대, 60대, 70대의 대학생이 20대의 대학생과 같이 자연스럽게 공존할 것이다.

붕괴의 고비를 맞은 입구 관리 의존의 대학 교육

18세 인구가 계속 감소하는 시대, 대학 입학자의 모집단을 어떻게 늘릴까는 모든 대학에게 절실한 문제이다. 그 경우 최악의 선택은 합격의 문턱을 낮춰 지금까지 대학에 들어오지 못했던 층을 들이는 것이다. 실제 이런 방법으로 표면상 모집 정원을 채우고 있는 대학이 적지 않은데, 한번 수준을 낮추기 시작하면 그것은 대외적 평가에도 학생의 자기의식에도 영향을 미치기 때문에 대학의 악화가 진행된다. 문턱을 낮추지 않으면서도 유망한 지원자를 확보하는 하나의 방법은 영어 과목을 대폭 늘리고 학생 기숙사를 충실화하여 우수한 유학생을 늘리는 것이다. 이것은 실제 리츠메이칸아시아태평양대와 와세다대 국제교양학부가 시도한 방법인데, 이미 긴 역사가 있고 일본어 커리큘럼과 교원 조직을 확보한 대학·학부에서는 그런 전환이 쉽지 않다.

그래서 많은 대학·대학원이 사회인 과정을 확대하고 있다. 사회적 경험과 지금까지의 경력, 실천력을 중시하는 과정을 설치하여 필기시험 이외의 방법으로 사회인을 받아들인다. 하지만 이 사회인 과정도 이미 어느 교육과정을 그대로 놔두고 부가적으로 설치하면 학문적 사고와 유연한 분석력을 충분히 훈련하지 못한 사회인 학생이 일반 학생과는 이질적인 존재로 대학 내에 탄생하여 소위 쇄국 일본에 나가사키의 데지마出島가 생긴 꼴이 돼버린다. 그 사회인들의 실력이 불충분하여, 마치 대학에 지역주민대학이 들어온 것처럼 돼버려 전체적인 질의 저하를 초래한다.

오늘날 일본의 대학 시스템이 오랫동안 안주해온 입구 관리 시스템은 붕괴의 고비에 있다. 대학의 질을 입구 관리로 유지하는 방식은 지원자 수가 입학자 수를 커다랗게 웃돌고 격심한 수험 경쟁으로 젊은이들이 스스로 절차탁마하는 상황에 의존하고 있다. 게다가 그러한 상황이 계속 유지되려면 대학 합격의 가치가 사회적으로 높이 평가받고 그런 은혜를 입은 사람이 상대적으로 적다는 전제가 필요하다. 그런데 일본의 대학은 너무 팽창해버렸고 동시에 젊은 인구는 계속 감소하고 있으므로 이런 전제는 이미 사라져버렸다. 지금까지의 대학이 자신의 가치를 높이기 위해서는 출구 관리의 방식을 고안하고 졸업생에 대한 질 보증을 투명한 방식으로 해서, 대학에 대한 사회의 지지를 확대할 수밖에 없다.

인생에 세 번 대학에 가다

그러므로 무엇보다도 필요한 것은 일본의 대학을 '고교생'과 '사회인'의 중간에 있는 통과의례적 조직이 아니라, 인생의 다양한 단계에 참가할 전망과 경력의 선로 전환기로 구조 전환하는 것이다. 이런 전환은 '입력'의 전환과 '출력'의 전환이라는 두 가지 전환으로 실현된다. '입력'의 전환이란 대학 입학자의 다수를 고졸자가 차지하는 방식으로부터의 전환이다. 나는 21세기 중반 일본에서는 사람들이 인생에 세 번 대학에 들어가길 바란다. 적어도 그런 사회의 실현을 대학이 지향해야 한다. 세 번이라는 것은 첫 번째는 대체로 18세부터 21세까지다. 두 번째는 대체로 30대 전반, 세 번째는 대체로 60세 전후이다.

그러면 왜 이 세 번인가? 우선 첫 번째는 거의 지금과 같이 고교 졸업 때나 졸업 후 2~3년 이내의 입학이다. 지금과 똑같이 고교 3학년 때 대학 수험 준비를 해서 입학하는 사람이 많아도 되는데, 우선 사회에서 1~2년 일한다든가 해외의 교육·문화 시설에서 유학하든가 각종 경험을 쌓은 후 대학에 들어오는 갭이어 gap year의 경험자가 정책적으로 늘어나야 할 것이다. 이것은 유학생의 증가와 같은 효과가 있다. 즉, 같은 20세 전반에도 대학생은 고교생보다도 훨씬 다양해야 한다. 그런 인적, 문화적 배경의 다양성, 이종혼교가 대학에서의 새로운 가치의 이해와 창조를 가능케 한다.

다음으로 두 번째인 30대 전반인데, 이것은 취직한 사람이 웬만큼 직장 경험을 쌓고 자기 업무의 가능성과 한계가 보이는 나이를 고려한 것이다. 그대로 조직에 남아서 과장에서 부장으로 이어지는 관리직의 길을 걸을 것인가 아니면 한 번밖에 없는 자기 인생, 그때까지의 경험을 활용하면서도 완전히 다른 길을 걷는 데 도전할 것인가를 정해야 하는 시기이다. 30대 전반이라면, 한 번 더 대학에 들어가서 온 힘을 다해 뭔가를 배워서 새로운 인생을 걷는다는 다른 인생의 전망을 생각해볼 수 있다.

세 번째는 60세 전후인데, 이때는 직장 경력을 거의 끝내고 정년을 맞이하는 시기이다. 하지만 오늘날 대다수가 75세 정도까지도 건강하다. 즉, 60세를 맞이하는 시기에, 적어도 향후 약 15년간, 전력으로 뭔가를 추구할 수 있다는 것이다.

틀림없이 이들은 수십 년에 걸쳐 조직에서의 경험을 통해 특정 분야에서의 전문적 지식은 이미 가진 경우가 많을 것이다. 하지만 그런 개별적 지식만으로는 그 지식을 젊은 세대에 전수할 수 있다 하더라도 자기가 전제로 해온 가치의 축을 전환하거나 새로운 가능성의 지평을 열어나갈 수는 없다. 즉, 경험을 쌓은 사람이 새로운 길을 걸으려 할 때 필요한 것은 스스로가 축적해온 지식과 방법을 상대화할 수 있는 능력이다. 그런 능력을 몸에 익히기 위해서, 인생 최후의 도전이 될 15년간의 최초 수년간을 사용해 대학에 다시 들어가 그때까지 자기의 가치관을 스스로 무너뜨리고 새로운 지적 상상력의 기초를 쌓으려고 하는 모집단은 실로 방대하다고 생각한다.

이 세 번의 입학 나이에 대해 약간의 보충을 하자면, 여성의 경우는 그것이 60대이기보다는 50대 전반일지도 모른다. 즉, 자녀 양육이 끝나고 자녀가 적어도 대학생이 되거나 취직이나 결혼을 하여 독립하는 시기이다. 이 시기, 그때까지 자녀 양육에 전력을 다해온 가정 여성들에게도 정년 전의 기업 사원과 같은 상황이 생긴다. 75세 정도까지 여전히 20년 이상이 있어서 체력적, 지적으로 자신을 새로 단련하는 사람은 충분히 인생에서 향후 새 일을 할 수 있다. 그런 때에도 학문적 기초와 방법론은 불가결한데, 엄격한 수련을 각오하고 대학에 다시 들어가려는 층이 존재한다.

대학은 이런 다양한 층에 대해 결코 그들을 '손님' 취급하지 말고 고졸자들 이상으로 엄격하게 수련시킬 시스템을 준비해야 한다. 학부의 전문교육 3년, 석사과정은 2년, 박사과정은 3년 이상, 견실하게 공부하여 아카데미즘의 국제적 수준을 비교해서 부끄럽지 않을 수준으로, 그런 연장자층 학생의 질 보증이 가능한 틀을 만들어야 한다.

그것이 가능하다면, 21세기 대학은 30대 사회인의 현장 지식, 60세 전후의 사회인의 깊은 경험과 관계 조정력, 거기에 20대 학생들의 지적 유연성과 논리적 분석력이 수직적으로 대화하고 거기서부터 새로운 가치와 지식이 창조될 자극이 풍부한 장이 될 것이다. 그리고 무엇보다도 대학 경영적 관점에서는 18세 인구는 감소하고 있고 유학생의 모집에도 한계가 있는 중에 30대와 60대라는 새로운 층의 입학 지원자가 극적으로 늘어남에 따라 적어도 1.5~2배 대학 입학자의 모집단을 크게 할 수 있다. 지금까지 소학교에서 대학교까지는 '학년', 기업과 관료 조직은 '연령층', '근속연수' 등 같은 직선적으로 쌓아 올라가는 시간 축에 따라 조직돼왔다. 하지만 공업화 단계를 끝낸 사회에서 그런 직선적 시간 축은 서서히 무너지고 있다. 사회 그 자체의 시간 축이 더욱 단편적, 유동적으로 돼가는 중에 대학에서도 복수의 시간 축을 공존시키는 것이 유익하다.

4. 입학자의 다양화와 학생을 주체화하는 학습

액티브 러닝에 따른 수업 실천—'나를 공격하라!'를 예로

21세기 대학이 다양한 나이, 경력의 학생으로 구성되면, 그 질 보증에는 지금까지 이상으로 엄밀하고 투명한 '출력', 즉 출구 관리의 틀이 필요하다. 이런 출구 관리의 근본을 이루는 것은 개개 수업의 설계와 운영, 수업에서 학생들을 협동시키는 제도적 기반의 정비이다. 이 점에 대해서는 최근 학습 환경과 수업 개발에 관한 분야에서 '액티브 러닝' 수법의 개발이 진행되고 있고 많은 수업 실험이 이뤄져 오고 있다. 한때 상당한 화제가 됐던 마이클 샌델Michael Sandel 교수의 "하버드 격렬 교실" 등 같은 것도 그런 액티브 러닝에 포함될 것이다. 교원과 학생들의 대화 속에서 사고가 깊어지는 게 필수인데, 그를 위해서 학생도 교원도 상호간에 지금까지 이상의 준비가 요구된다.

자화자찬이겠는데, 나는 대학원 수업에서 오랫동안 "나를 공격하라!"라는 제목의 수업을 해왔다. 이것을 시작한 것은 2000년 전후였으니, 이미 15년 이상 지난 것이다. "나를 공격하라!"는 "나를 때려 눕혀라!"라는 의미로, 권투로 말하면 "내가 '샌드백'이니, 내게 마음껏 펀치를 날려서 당신의 펀치력을 단련하시오"하는 취지의 수업이다.

이 수업에는 몇 개의 규칙이 있는데, 예를 들면 "거론된 논문과 책의 요약을 해서는 안 된다", "칭찬해서는 안 된다", "감상을 서술하면 안 된다", "질문을 해서는 안 된다" 같은 규칙이다. 다른 한편 학생에게 기대하는 것은 내가 썼거나 추천한 책과 논문의 흠 잡기이다. 이것은 오자, 탈자 찾기, 치졸한 표현 찾기, 사실 검증 등에서 시작해서 논리적 정합성과 일관성의 결여, 배후에 있는 시점의 한계 지적 등 어쨌든 잘못된 것을 발견해서 철저하게 비판하는 것이다.

나는 '샌드백'이 돼서 어떤 욕설도 받게 되는데, 이것은 학생에게 있어 상당히 성가신 수업일 것이다. 실제, 내 논문과 책이라면, 내가 당사자이기 때문에 자기가 쓴 것의 약점을 잘 알고 있다. 또, 내가 시간을 들여 읽은 책과 논문도 마찬가지이다. 학생들에게는 그것을 내가 가르치는 게 아니라 교재인 책과 논문의 문제점을 발견하고, "이 부분이 파탄이다"라고 비판하게 한다. 왜냐하면 요약한다거나 칭찬한다거나 한다면, 머리가 좋은 학생이라면 논문을 정밀하게 안 읽어도 되기 때문이다. 하지만, 눈앞의 교단에 서 있는 교수가 자기가 쓴 것을 비판하라고 명령하고 있다. 그 교수를 여하튼 때려눕히지 않으면 안 된다는 것은 학생으로서는 용기가 필요하다. 제대로 비판하기 위해서는 교재인 책과 논문을 제대로 읽지 않으면 불가능할 것이다.

교수의 논의를 비판하는 다섯 단계

이 수업에서는 교단의 교수를 비판하기 위해서 유효한 방법도 처음에 설명한다. 여기에는 기본적으로 다섯 단계가 있다. 말할 것도 없이 당신의 논의는 "어쩐지 마음에 안 들어"라든가 "자기에게는 그다지 맞지 않았다"든가 "잘 모르겠다"든가 하는 것은 비판조차 아니고 대화의 거절밖에 되지 않으므로 이래서는 안 된다. 그러므로 상대의 논의를 학문적으로 비판하는 작업은 우선 비판하려고 하는 곳의 구체적 기술을 추출하는 데서 시작된다. 그다음에 두 번째 단계는 비판할 때 자신의 입각점을 명확하게 하는 것으로, 상대를 비판하기 위해 자신이 어떤 전제에 서 있는가를 확인해야 한다.

그리고 세 번째로 다음의 세 가지 방법적 기준에서 그 해당 부분에 대해 비판을 한다.

첫 번째는 '실증의 타당성' 기준, 즉 기술한 것이 사실에 반하는가의 검증이다. "통계 자료에 비춰, 이 기술은 사실을 정확하게 포착하고 있지 않다"는 비판이 가능하다.

두 번째는 '논리의 정합성' 기준, 즉 논의의 축이 도중에 변한 게 아닌가의 검증이다. 실제, 비교적 젊은 사람의 논문에 종종 보이는데, 기술할 때 사고가 깊어져 논문의 전반과 후반에서 다른 이야기를 하는 경우이다. 본인으로서는 사고가 깊어지는 건 좋지만, 학문적 저술로서는 문제가 된다. 이 경우는 깊어진 인식에 근거해 처음부터 일관되게 다시 써야 한다. 처음과 끝에서 한 이야기가 다르면 어느 쪽이 진짜인지 독자로서는 혼란을 느끼게 된다.

또, 세 번째는 '결론의 유용성' 기준이다. 요컨대 그 연구는 어떤 의미에서 "도움이 되는" 것이어야 한다. 물론 이 "유용성"에는 수단적 유용성과 가치 창조적 유용성이 있고, 적어도 문계 학문에서 중시되는 것은 가치 창조적 유용성, "독창성"이라 불리는 것이다. "이 연구가 하는 것은 다른 연구에서도 흔하게 해온 것과 같아서, 독창성이 없는 것 아니냐!"하는 연구 가치에 대한 비판이 이런 유형에 포함된다.

그러면, 네 번째는 그 연구의 배후가설이 무엇인가를 명확히 해서 이 배후가설의 한계를 보여주는 것이다. 모든 학문적 언설은 그 배후에 이데올로기적 혹은 이론적 전제를 가지고 있다. 그것을 일찍이 미국 사회학자 앨빈 굴드너Alvin Ward Gouldner는 "배후가설"이라고 이름 지었다. 훌륭한 비판은 상대의 논의가 어떤 배후가설에 근거하고 있는가를 보여주어, 그 배후가설의 문제점을 보여주는 것이다. 그리고 그 네 번째 비판이 가능하다면, 비판 작업은 마지막 단계, 즉 '대체 이론의 제시' 단계까지 이른다. 이 경우 대체 이론은 상대와는 다른 배후가설에 근거한 것이기 때문에, 여기서는 어떤 종류의 패러다임 전환이 생긴다.

패러다임 전환은 이계에서는 혁명적 가치가 있다. 천동설 패러다임이 지동설과 양립하지 못하는 것처럼, 복수의 패러다임이 있으면, 어느 쪽이 옳고 어느 쪽이 그른 것이다. 하지만 문계 학문에서는 일반적으로 패러다임은 복수로 성립된다. 같은 연구 대상을 다룬다 하더라도 예를 들면 푸코Michel Paul Foucault식 포스트구조주의의 사고방식에서 쓰인 논문과 파슨스Talcott Parsons식 구조기능주의의 입장에서 쓰인 논문은 같은 '구조'라는 말의 함의가 완전히 다르다. 혹은 마르크스주의 입장에서 쓰인 논문과 막스 베버식 행위주의의 입장에서 쓰인 논문과 뒤르켕Emile Durkheim식 사회학주의의 입장에서 쓰인 논문은 현대사회의 여러 현상의 포착 방법이 완전히 다르다는 것은 사회과학을 조금이라도 공부한 사람은 누구라도 알고 있다. 문계 학문에서는 배후가설이 하나일 수 없고, 저것도 옳고 이것도 옳은 즉 다른 입각점에 근거한 다양한 '올바름'이 존재한다.

"나를 공격하라!" 수업에서는 교수가 처음에 이런 '비판 방법'을 해설하고 교재를 웹사이트에 올린다. 그 다음, 각각의 수업에 사용하는 문헌에 대해서 학생들로부터 한두 가지 정도 비판을 발표하게 한다. 비판의 논점이 너무 늘어나서 초점이 희미해지지 않도록 각 학생이 제기하는 논점의 수를 제한한다. 그 비판들은 수업에서는 대부분 쪽지에 써서 순서대로 칠판에 붙인다. 수업에 지원 스태프가 있는 경우는 비판을 전용 사이트에 올려서 온라인에서도 논의가 계속될 수 있도록 한다. 그리고 제1단계에서는 각각의 비판에 교수가 반론하고, 그다음 제2단계에서는 또 비판력을 강화하기 위해 유사 비판을 한 학생들을 그룹화해서 각 그룹이 교수에게 이론적으로 공격하는 상황을 만든다. 이 수업은 철저하게 학생이 공격하는 측이고 교수가 방어하는 측이다. 소위 특정 문헌을 소재로 공격=학생과 방어=교수의 논전 게임이다.

다양한 나이, 배경을 가진 학생의 질에 필요한 출구 관리

이상은 무한한 형식을 가질 수 있는 액티브 러닝의 일례에 지나지 않는다. 하지만 내가 일찍이 이런 형식의 수업을 해야 한다고 생각한 첫 계기는 1990년대 대학원 중점화에 동반한 대학원생의 다양성 확대였다. 중점화 이전 도쿄대 대학원은 연구자 지망의 소수 대학원생을 상대로 하면 되는 곳이었다. 입학하는 학생의 수준은 매우 높았고 관심도 일정 범위 내에 한정돼 있었기 때문에, 내가 있는 곳에는 매년, 문화 연구, 미디어 연구의 최첨단 영어 논문을 분담해서 읽는 고전적 방식으로 대응할 수 있었다.

하지만 중점화에 따라 대학원생 수가 늘고 대학원의 조직 재편도 진행돼 그들의 학문적 수준도 문제의식도 대폭 다양화하면서 대학원 교육 스타일을 발본적으로 개혁할 필요가 생겼다. 게다가 2000년 전후 나는 대학원에 입학한 학생이 그 연구 주제, 분야와 무관하게 반드시 몸에 익혀야 할 것은 선행연구를 올바로 비판하는 능력이라고 생각해서 앞에서 설명한 수업을 시작했다.

21세기 대학에서 학생이 대폭 다양화함에 따라 발생하는 것은 중점화 이후 대학원에서 내가 경험한 것을 한층 확대한 변화, 즉 학생의 지적 수준과 문제의식, 문화적, 사회적 배경의 현저한 다양화이다. 증대하는 다양성 속에서 더구나 교육의 질을 유지하는 것은 지금까지와 같은 대중 교육적 방식으로는 불가능하다. 대형 강의실 수업은 학생이 동질적이고 그 지적 수준과 관심이 일정한 범위 내에 있는 경우에는 효과를 발휘할 수 있다. 숙련된 교수는 학생의 지적 수준과 학생 전체의 '공기'를 읽고 거기에 맞춰 농담도 섞어가면서 강의를 하면 인기 있는 수업이 되고 학생의 마음을 잡을 수 있다.

하지만 나이, 사회적, 문화적 배경이 매우 다양화한 학생들에게는 대형 강의실에서의 일방적 수업이 이제는 통용되지 않는 경우가 늘어나고 있다. 대형 강의실 수업만으로는 다른 배경을 가진 다양한 학생 전체의 수준도 관심도 감당할 수 없다. 오히려 5인 1조, 10인 1조 같은 소수 팀으로 협동하는 환경을 만들어 그 팀에 다른 나이대, 문화적 배경, 언어의 학생을 모아서 과제 해결에 나서도록 한다면, 학생들은 자연히 서로 지혜를 짜내서 활발하게 교류하게 될 것이다. 이처럼 해서 어느 정도까지 전략적으로 설계된 수업의 틀 속에서 이질적인 학생 간에 지적으로 협동하는 체험을 하게 하는 효과는 다양화에 의해 오히려 높아진다.

하지만 그 경우 팀이 된 학생들의 잠재력을 발전시키는 데는 학생 그룹과 교수 간에 훈련을 받은 포스닥이나 박사과정 수준의 TA가 들어가 각각의 팀을 담당하여 수업 전후에 보살피는 시스템을 만들어야 한다. 즉, 교수 측도 팀이 될 필요가 있는 것이다. 그렇게 해서 대학 교육의 주축을 일 대 다수로 교수가 자기가 숙지하고 있는 지식을 다수의 학생에게 전수하는 방식에서 오히려 다수 대 다수, 팀 대 팀으로 수업 전체를 과정화해서 조직화하는 방식으로 서서히 전환해 가는 게 중요하다.

이런 전환을 가능하게 하기 위해서는 교원 1인당 학생 수를 보다 낮추는 게 필수이다. 현재 이 비율은 옛 제국대 등 주요 국립대에서는 거의 1인당 10명 이하로, 국제적으로 보면 그다지 높은 것은 아니지만, 와세다대, 도시샤대, 리츠메이칸대 등 주요 대규모 사립대는 모두 1인당 30명을 넘고 그중에서는 1인당 40명을 넘는 대학도 있다. 이것은 국제적으로 볼 때 특이한 숫자로 이래서는 다양한 학생에 대해 교육의 질을 높이는 것은 구조적으로 불가능하다. 하지만 전임 교원 수를 한꺼번에 늘리는 것은 대학의 재정을 크게 압박하기 때문에 그렇게 간단히는 될 수 없는 일이므로, 적어도 이후 박사과정 수준의 대학원생의 TA로서의 능력을 훈련해, 그 질을 보증하는 대학원생 FD 시스템을 대학의 틀을 넘어 발전시켜, TA를 포함한 교원단 전체의 숫자와 학생 수 비율을 액티브 러닝을 실질화하는 데 충분한 비율까지 균형을 잡아야 한다.

대학 교육은 양의 시대에서 질의 시대로

지금까지 일본의 대학 교육은 고교까지와 마찬가지로 '학년' 구분에 따라 이수 과목들이 정해졌다. 1학년에서 2학년으로, 3학년으로, 그리고 4학년으로 진급하는 데는 필수과목을 포함한 일정 이상의 단위 수 취득이 필요한데, 그들 필수과목과 선택과목의 배치 자체가 개개 학생이 교육과정에서 탈락하는 것을 막는 방파제 역할을 해왔다. 필요 단위를 획득하지 못한 학생은 보통 '유급'이 되었는데, 특별한 사정이 있는 경우에는 그 나름의 구제 조치가 취해진다. 다른 한편 특출나게 우수한 학생에게는 특별히 '월반'의 권리가 부여된다.

이런 방식은 학생들의 나이, 학력, 경력 상 동질성이 높은 대학에서는 간편하고 효과적인 시스템이지만 매우 다양한 학생의 능력을 충분히 발전시킬 수 있는 시스템은 아니다. 오히려 학과와 학부, 대학의 틀을 넘어서 과목 강의 요지의 공유화·공개화를 진전시켜 동시에 과목 번호 붙이기를 통한 단위의 호환 시스템을 구축한다면 과목 사이의 관계가 구조화된 여러 분야에 걸쳐 학습 과정을 제공할 수 있게 된다.

이처럼 고도로 구조화된 커리큘럼을 전제로 한다면 학생들의 입학에서 졸업까지의 과정에서의 위치는 그 학생이 어떤 학년인 가가 아니라 어떤 단위를 얼마만큼 이미 취득했는가에 따라 정해진다. 즉 이것이 '학년제'의 대안으로서의 '단위제'이다. 이 단위제 아래에서는 원리적으로는 '유급', '월반'이란 개념 자체가 없어지는데, 각 과목의 학습 성과는 엄밀히 조사되고 일정 수준 이상의 성과가 없으면 절대로 단위를 취득할 수 없다. 그런 엄밀한 기준으로 단위를 취득하고 성적 평가도 신뢰성이 높아진다면 대학의 성적과 학위는 아무 노력 없이 다음 단계로 넘어가는 학년제보다 훨씬 투명하게 확실하게 돼, 사회에 어필할 수 있을 것이다.

이런 전환은 고도 성장기에는 불가능했다. 왜냐하면 산업계는 대학에 그 정도 발군이 아니어도 일정 수준 이상의 학력을 갖춘 균질적인 젊은이를 '대졸'로 매년, 대량으로 배출해주기를 요구했기 때문이다. 그런 대량의 균질적인("알이 고른") 대졸자들이 매년 일정 수 이상, 같은 일정에 따라 배출됨으로써 전후 일본의 경제 성장과 그 후 소비사회, 정보사회는 실현되었다고 할 수 있다.

하지만 1990년대 이후 이런 '대중'을 생산하는 대학에 대한 사회적 수요는 급속히 약해졌다. 균질적인 대량 생산의 시대에서 다품종 소량 생산의 시대로의 변환은 대졸자에 대한 사회적 수요의 면에서도 일어났다. 게다가 일본 경제의 규모와 구성이 변화하는 중에 이윽고 같은 시기에 산업계는 전처럼 반드시 균질적인 대졸자를 대량으로 고용하려고 들지는 않았다. 채용은 다양화하고 각각의 '질'이 의문시되었다. 이것은 즉, '양'의 시대에서 '질'의 시대로의 전환이었다. 그리고 대학 측에서 보면, 일정 수준 이상의 대량의 동질적 젊은이를 생산하라는 압력이 약해졌다는 것으로, 교육을 '양'에서 '질'로 전환할 여지가 넓어진 것이다. 학생들은 진정으로 언제 졸업해도 괜찮고 언제 2학년이 돼도 좋고 그런 것보다도 그들이 어떤 과목의 조합으로 단위를 취득하고 그 조합을 초보적인 단계에서 고도의 단계까지 어떻게 조직화하고 어떤 성적을 남기느냐가 보다 중요해졌다.

5. 인문사회계는 새로운 인생에 도움이 된다

가치 축이 다원화, 복잡화, 유동화하는 사회를 살아가다

이상, 대학이 다른 세대의 입학자를 받아서 그것을 새로운 대학의 창조적 힘으로 바꿀 가능성, 다시 말하자면 많은 사람이 인생에 세 번 대학에 들어가는 것이 자연스럽게 생각되는 사회가 도래할 가능성에 대해 논해왔다. 이것을 근거로 이 장의 마지막에서는, 이상에서 말한 시간적, 경력적 의미에서의 갑각류에서 척추동물로의 진화, 즉 고교와 대학, 대학과 직장 사이의 '벽'에 구멍을 내서 대학 교육 속에서 다른 인생의 시간을 공존시키는 변혁이 앞장에서 말한 21세기의 미야모토 무사시 즉 주 전공·부전공제이든, 복수전공제이든 대학 교육을 보다 복선적인 것으로 바꿔서 복잡하고 유동적인 사회에 대응하는 개혁과 표리를 이룬다는 점을 설명하고자 한다.

애초 사람은 왜 세 번이나 대학에 들어갈 필요가 생기는 것일까. 여기까지 하고, 이미 어느 정도는 답한 질문을 새롭게 생각해보자. 나이가 들어 입학하는 층의 처지에서 보자면 고령화 사회가 하나의 요인이라는 점은 분명하다. 대학 측에서 보자면, 저출산 즉 18세 인구의 지속적 감소가 다세대를 받아서 의미 있는 자세로 대학을 바꿔야 한다고 생각하는 중요한 이유이다. 하지만 이들 요인보다 훨씬 근본적인 이유가 있다. 그것은 사회적 가치의 다원화, 복잡화, 유동화이다.

반세기 이상 전 일본이 고도 경제 성장이 한창이던 시대에는 공업화, 경제 성장, '풍요'의 실현이 사회의 중심 가치였고, 그런 가치관은 일본이 어떻게든 반영구적으로 지속해왔기 때문에 즉 가치 축이 전환한다든지 복수화한다든지 유동화한다든지 하는 것은 많은 사람이 생각지도 못한 것이다. 당시는 냉전기로 사회주의 진영은 사회주의, 자본주의 진영은 자본주의의 가치로 일원화되었고, 이 두 개의 대립하는 이데올로기적 가치 축 이외에는 미래 사회가 추구해야 할 가치 축이 있다고는 생각하지 못했다. 확실히 인도의 간디^{Mahatma Gandhi}, 혹은 인도네시아에서 열린 반둥회의가 제기했던 것은 이 어떤 것과도 다른 가치의 축이었는데, 그런 제3, 제4의 가치는 전체로서는 주변적인 것에 머물렀다.

하지만 그로부터 반세기 지금에는 1960년대의 가치관이 그대로 이어지고 있다거나 이어져야 한다고 믿는 사람은 오히려 소수파이다. 게다가 이 가치 축은 예를 들면 자본주의에서 사회주의로 '혁명적'으로 변화한 것은 물론 아니다. 혹은 성장주의에서 생태적 성숙으로의 전면 전화했다고도 할 수 없다. 오히려 과거 반세기, 특히 1970년대부터 1990년대에 이르는 변동기에 시작된 것은 가치 축의 다원화, 복잡화, 유동화였다. 오늘날 많은 사람은 자기가 소중히 여기는 가치가 국민적으로 공유되고 있다고는 믿지 않을 것이고('평화'는 그 소수의 예외일지 모르지만), 그 이상으로 그런 가치가 자기 자신에게 있어서조차 지금까지 한평생 이어져 왔다는 확신도 갖지 못한다. 사회를 방향 짓는 가치는 변화한다 —그러므로 그런 변화를 조금이라도 빨리 헤아려서 그것에 가능한 적응하려고 사람들은 생각하는 것이다.

이런 절조 없는 순응주의'힘 앞에 무릎 꿇기'주의에 심각한 문제가 있다는 것은 명백하다. 하지만 일본 사회의 본질에 가까운 이 경향이 그렇게 간단히 변하리라고는 생각되지 않는다. 거기다가 적어도 사람들이 어느 하나의 가치를 절대 불변이라고는 믿을 수 없게 된 상황에서 긍정적 가능성을 발견해야 한다고 생각한다. 현대사회에서는 가치의 축이 본질적으로 다원적이고 복잡하고 유동적이다. 이런 엄청난 상황을 전제로 한다면 대학에서 배운 것과 혹은 졸업 후 기업에서 신입사원으로서 몸에 익힌 것이 그대로 그 후의 한평생, 전제로 해 계속될 수 없다는 것은 이미 널리 이해되고 있을 것이다. 그럴 때에 단순히 뒤쫓기식으로 새로운 가치 상황에 적응할 게 아니라 오히려 그때까지의 지식과 경험을 활용하면서 스스로 새로운 가치의 창출에 도전하고 시대를 이끌어가는 사람이 나올 필요가 있다. 그런 가능성을 모색하기 위해서는 대학만큼 어울리는 곳은 없다.

'시차'로 21세기의 미야모토 무사시를 육성하다

이처럼 가치가 다원적이고 복잡하고 유동적인 사회에서 힘을 발휘하는 젊은이를 육성하기 위해서는 미야모토 무사시주의, 즉 한 자루의 장검으로 싸우는 사사키 고지로佐々木小次郎보다도, 장단 (혹은 장장) 두 자루의 칼로 싸우는 미야모토 무사시 쪽이 어울리는 모델이라는 점은 이미 앞 장에서 설명한 대로이다. 하지만 21세기의 미야모토 무사시는 (17세기 초의 미야모토 무사시와 달리) 반드시 동시에 두 자루의 칼을 지녀야 하는 것은 아니다. 소위 '시차'의 미야모토 무사시로서, 처음에 입학한 대학에서 이미 첫 번째 칼의 사용법을 습득했더라도 졸업하고 사회 경험을 쌓고 약 10년 후 다시 대학에 입학하여 두 번째 칼의 사용법을 몸에 익히는 경우가 있어도 좋다. 게다가 정년이 임박해서 또 한 번 대학에 다시 들어가 세 번째 칼의 사용법을 익히는 것처럼 21세기의 미야모토 무사시는 시차로 세 자루의 칼을 사용할 수 있는 인물이라는 가능성마저 있다.

그 경우 그렇게 시차로 몸에 익힌 두 자루 내지 세 자루의 조합은 어떻게 될 것인가. 예를 들면 첫 대학 생활에는 공학계를 첫 번째 칼로 배웠을지라도 사회 경험을 쌓아서 두 번째 칼로서 사회학을 배우는 사람이 있을 수도 있다. 혹은 같은 문계라도 처음에는 영문학을 배우고 30대가 돼서 이번에는 경영학을 배운다는 시차 이도류를 생각할 수 있다. 대체로 말하자면 30대에 두 번째, 60세 전후에 세 번째로 대학에 들어가는 학생들에서는 첫 번째로 배운 것과 같은 전문분야를 심화하기보다는 그때까지의 실무 경험을 바탕으로 각각의 그 후의 인생 전망 속에서 "도움이 되는" 분야를 다시 배우려는 수요가 높을 것이다. 이 경우, "도움이 된다"는 것은 각각이 새로운 인생을 살아가는 데 지적 기초가 된다는 의미이다.

그리고 그 두 번째 이후에 배우는 분야로 선택하는 것은 순수한 이계보다는 문계, 또는 문리 융합 분야 쪽이 많을 것이라고 상상할 수 있다. 처음에 공학을 배우고 두 번째에는 법학을 배운다. 처음에는 생물학을 배우고 두 번째는 아시아의 지역 연구를 배운다. 처음에는 컴퓨터 과학을 배우고 두 번째는 경제학을 배우고 마지막에는 철학을 배운다.

왜 이런 경향이 되느냐 하면 이계는 그때그때 요청된 과제에 대응하여 최첨단을 개척해야 하는 분야가 많으므로, 게다가 혁신적 성과를 내기 위해서는 젊은 두뇌 쪽이 압도적으로 유리하기 때문이다. 대학에서 이계 교육을 받았더라도 한번 연구에서 벗어나 실무 경험을 쌓은 후 다시 대학에 다시 들어가 이계 분야의 최첨단에서 성과를 내는 것은 간단하지 않다. 이계 지식은 첨단으로 갈수록 변화가 빠르므로 한번 연구의 첨단을 벗어난 사람은 우라시마 타로浦島太郞가 되기 쉽다. 그리고 그런 짧은 기간에 계속 변화하는 분야에서, 젊은 두뇌와의 치열한 경쟁에 노출된 환경은 30대 전반, 하물며 60세 전후의 세대에 있어서 현실적으로 유리한 선택지가 되기는 어렵다.

한편 이계에서 나온 기술을 활용하면서도 사회적 가치란 무엇인가를 궁구하고 장래의 사업과 사회의 디자인, 지역에서 국가, 세계까지를 시야에 넣고 사고를 심화하는 것은 문계의 역할이다. 직장에서의 경험을 거쳐, 장기적인 시점에서 사물을 관찰하게 될 때, 현장에서의 경험적 지식으로 믿게 된 것을 다시 한번 학문적으로 기초 짓기, 혹은 그 경험적 지식이 본래는 옳지 않은 게 아닐까 하고 의문을 갖는 데 도움이 되는 게 문계 학문이다.

물론 그 경우 비교적 짧은 기간에는 업무에 도움이 될 경영학과 법학, 보다 긴 기간에는 그때까지의 자명성을 의심하고 전환하는 데 도움이 될 사회학과 인류학, 나아가서는 보다 긴 기간에는 사물을 생각할 때의 근본까지 거슬러 올라가는 철학과 역사학처럼 유용성의 길이는 다양하다. 어떤 경우에도 짧은 시간 안에는 도움이 안 되더라도 긴 시간적 시야에 구애되는 지식의 특성이 두 번째, 세 번째 대학의 학습에서는 유용성을 가지게 된다.

'논문 쓰기'라는 방법

하지만 두 번째, 세 번째 대학에서의 학습에 있어서 문계가 유익한 것은 단순히 이런 장기적인 시야를 가진 학문의 내용이 각각의 사람이 그때까지 몸에 익힌 경험적 지식을 상대화하기 때문은 아니다. 그것은 소위 문계 지식의 '콘텐츠'가 도움이 된다는 이야기인데, 다른 한편으로 문계 지식의 '방법'도 사회와 관계하면서 자력으로 발상을 일으키고 생각을 정리하고 상대에게 전하려고 할 때 크게 도움이 된다. 왜냐하면 이계의 학습이 특히 '실험실'을 중심으로 전개되는 것과 마찬가지로 문계의 학습은 특히 '세미나'를 중심을 전개되기 때문이다. 그리고 각각의 학생은 최종적으로는 '논문 쓰기'라는 작업에 집중한다. 이 '세미나'와 '논문 쓰기'의 조합에 '방법'으로서의 문계 지식의 근본에 관련된 요소가 포함돼 있다.

이 점을 보여주기 위해서, 우선 후자인 '논문 쓰기'는 어떤 것인가를 설명하고자 한다. 즉 문계에 있어서 '논문'이란 저자의 '질문'에 대한 학문적 방법론에 기반을 둔 '인식'의 심화를 실증적인 근거를 보여주면서 문장으로 구조화하는 것이다. 즉, 여기서 중요한 것은 ① 저자의 질문, ② 학문적 방법론, ③ 실증적 근거, ④ 문장에 의한 구조화, ⑤ 인식의 심화 이 다섯 가지이다. 이들을 어떻게 연결 지으면 훌륭한 논문이 될까? 혹은 형편없는 논문이란 이들 어디에서 실패한 것일까? 이것은 어쩌면 이계에서도 같을지 모르겠으나, 내가 확실하게 자신을 갖고 말할 수 있는 것은 문계의 '논문'에 대한 기준이다.

이상과 같은 '논문'의 다섯 가지 기본 요소를 연구 과정과 연결 지으면, 논문을 쓰는 데는 여섯 단계를 거쳐야 한다.

① 문제의식 혹은 연구 목적의 명확화

② 연구 대상의 특정

③ 선행연구의 비판적 검토

④ 분석 틀/가설의 구축

⑤ 현장연구, 조사, 실험, 자료 수집

⑥ 결론 및 평가

이 여섯 개 중에서 학생이 논문을 쓸 때 특히 빠뜨리기 쉬운 것은 첫 번째, 세 번째, 네 번째이다. 많은 학생이 논문을 쓰는 이상에는 어떤 구체적인 '연구 대상'이 있어야 한다는 점과 현장연구와 조사와 실험을 해서 '자료'를 모아야 한다는 사실은 알고 있다. 하지만 학생들은 이 두 단계, 즉 연구 대상을 정하고 자료를 모으고 때로는 설문조사와 실험을 해서 그 결과를 기술하면 그것으로 논문이 된다고 잘못 생각하는 경우가 적지 않다. 하지만 이 두 단계만 거쳐서는 기껏해야 조사 보고서 수준이고 논문으로는 불충분하다. 학문적 논문을 쓰는 데는 특히 첫 번째, 그리고 세 번째에서 네 번째로의 인식의 심화가 매우 중요하다.

지금까지 많은 학생을 지도해온 경험으로 보자면, 상당히 많은 학생이 처음에 해야 할 "문제의식 혹은 연구 목적의 명확화"를 뛰어넘어, 두 번째 "연구 대상의 특정"에서 시작하기 쉽다. 하지만 훌륭한 논문을 쓰기 위해서는 연구 대상을 정하기 전에 혹은 연구 대상을 정함과 동시에 문제의식이 명확해야 한다.

주의해두고 싶은 것은 이 경우 '문제의식'이란 자기가 왜 이 연구를 하고 싶다고 생각하게 됐는가 하는 개인적 동기가 아니라는 것이다. "당신의 질문은 뭔가?"라고 물으면, 많은 학생이 주저리주저리 자기의 개인사를 말하기 시작하고 "그래서 저는 이 대상에 매우 흥미를 가지게 되었습니다"라든가 "그래서 저는 이 대상이 매우 좋습니다"라든가 하는 대답을 하는데, 개인적 '동기'와 학문적 '질문'은 다르다. 여기서 말하는 '문제의식'이란 어디까지나 학문적 '질문'이고 어떤 경험을 배경으로 하든 고민의 결과로서 "이 문제를 생각해보는 것이 학문적으로 볼 때 결정적으로 중요하다"고 생각하기에 이르게 되는 그런 질문이다. 즉 그 질문에는 경험이 경험에 기반을 둔 것일 수는 있지만 그것이 중요한 게 아니라 학문적 질문으로 위치 지을 수 있느냐가 중요한 것이다.

　다른 한편, 이것은 최근 학생에게서 많이 보는 것인데, 논문 구상을 설명할 때 처음에 '제 조사 질문은 1. ○○, 2. △△, 3. ××' 등 열거하기 시작하는 사람이 있다. 이런 종류의 학생은 교과서적으로 "논문에는 조사 질문이 있어야 한다"는 것을 배워서 그것을 교본으로 이해한 학생들이다. 하지만 많은 경우, 그런 학생이 거론하는 서너 개 '조사 질문'은 그 연구 대상을 다룬다면 누구라도 생각하는 표층적인 것이다. 즉, 그들은 처음에 자기가 흥미를 가진 대상을 정해버려, 그 대상에 대해 논문을 쓰는 것을 정당화하기 위해, 그럴듯한 '조사 질문'을 늘어놓는 것이다. 이런 것으로는 인식이 깊어질 리가 없기 때문에 나는 "당신이 지금 늘어놓은 세 개의 조사 질문의 관계를 설명해주겠습니까?"라든가 "세 개는 너무 많으니까 질문은 하나로 좁히세요"라든가 하는 주문을 한다. 열거한 '조사 질문'의 관계를 설명하게 하면 따로따로 생각했던 것들이라 전혀 설명할 수 없든가 아니면 실은 그것들은 '질문'이 아닌 경우가 있다. 즉 본인이 이미 '질문'의 답을 준비해놓고 그 연구는 이미 세운 이야기를 따라가는 것이라는 점이 드러난다.

선행연구의 비판에서 분석 틀의 구축으로

세 번째 "선행연구의 비판적 검토"에서 네 번째 "분석 틀가설의 구축"으로 향하는 과정이 되지 않는 학생도 적지 않다. 그런 학생이 종종 변명하기를 "제 연구 대상은 특수한 것이라서 선행연구가 거의 없습니다" 하는 주장이다. 하지만 이런 주장은 대체로 공부를 제대로 하지 않았든가 혹은 선행연구가 무엇인지를 잘 모른다는 증거이다. 실제로는 얼마만큼 특수하고 새로운 연구 대상이라 해도 그 대상의 틀을 조금 넓혀 선행연구란 무엇인가를 깊이 생각해본다면 선행연구는 반드시 존재한다.

애초 "선행연구가 없다"고 말해버리는 것은 자기의 연구 목적에 대한 이해가 얕다는 것을 의미한다. 연구 대상을 구체적인 사실이나 현상에만 한정하면 분명히 그 대상을 다룬 연구가 거의 없는 경우도 있을 것이다. 하지만 그 대상이 포함된 범주와 그 대상을 다룬 이유인 연구 목적에 유념하면 논문의 학문적 '질문'에 관련된 선행연구는 반드시 방대하게 존재한다. 즉 어떤 분야에서라도 반드시 이론적인 배경이 있고 그 논리적인 문제 설정에 대해 많은 선행 연구자들이 이전에 생각해왔으므로 그런 선행 연구자들의 연구는 다 읽지 못할 정도로 존재한다.

예를 들면 본서는 2015년 6월의 문과성 '통지'를 둘러싸고 일어난 '문계학부 폐지'론을 다루고 있다. 이런 논의가 최근 갑자기 문과성의 어리석은 계책으로 나온 것이라고 착각하면 이 대상에 대한 선행연구가 존재할 리 없다는 주장으로 이어진다. 하지만 본서는 이미 여기서 문제가 되는 것은 '통지' 운운이 아니라 '통지'를 비판하는 측도 포함해 논의의 전제가 되는 "문계는 도움이 안 된다"는 사회적 통념이라는 점을 분명히 해왔다. 그리고 그렇게 문제를 파 내려가면, 이미 19세기 말부터 비슷한 문제가 독일을 중심으로 빈번하게 논의되었고 20세기 유럽과 미국의 인문사회 지식의 근저를 일관해왔다고까지 할 수 있다는 것도 이미 제2장에서 보여준 바 있다. 그러므로 본서의 문제의식에는 실은 방대한 선행연구가 존재하는 셈이다.

그리고 바로 논문의 성패를 결정하는 것은 이 세 번째 "선행연구의 비판적 검토"에서 네 번째 "분석 틀가설의 구축"을 도출하는 수완에 달려 있다. 독창적인 결론을 내기 위해서는 그를 위한 설득력 있는 분석 틀을 구축할 필요가 있는데, 이것은 선행연구의 비판적 검토가 깊이와 넓이를 가진 방식으로 이뤄질 때 처음으로 가능한 것이다. 이미 소개한 "나를 공격하라!" 수업도 바로 이 과정, 즉 선행연구를 비판하고 이를 통해 자기 자신의 분석 틀을 구축하기 위한 훈련이었다. 선행연구 비판은 다만 단순히 자기의 입장과 다르다는 점을 말하거나 혹은 선행연구 성과를 잇는 것으로는 안 되고, 선행하는 학문적 언설에 대해 구체적인 기술을 추출하고 '실증의 타당성'과 '논리의 정합성', '결론의 유용성'이라는 기준에 따라 검토하고, 최종적으로는 '대체 이론의 제시'까지 이르러야 한다. 그리고 이 '대체 이론'이 여기서 말하는 '분석 틀' 혹은 '가설'이라는 점은 말할 필요도 없다.

마지막 '결론'인데 이것이 의외로 함정이다. 다섯 번째인 현장연구, 조사, 시험에 노력하는 학생도 종종 결론을 내는 것의 중요성을 모르고 '결론' 장에서도 거기에는 그때까지의 장과 본인이 해온 작업의 요약밖에 없는 경우도 있다. 그런 논문을 쓴 학생에게 "당신의 결론은 무엇입니까?"라고 물으면 "저는 이만큼 조사하고 이런 자료를 발견했습니다"라는 답이 돌아오는데, 이런 답이라면 '결론'이란 무엇인가를 이해하지 못한 듯한 느낌이 든다. '결론'이란 문제의식과 연구목적에 대응하는 것으로, 처음에 든 '질문'에 대한 일련의 연구를 진행해온 결과로서의 '대답'이다. 그리고 게다가 독창성과 설득력 있는 결론을 쓰기 위해서는 최초의 문제의식 내지 연구 목적을 충분히 명확하고 압축하는 게 불가결하다. 즉 '논문'이라는 것은 일종의 직물 같은 것으로 처음부터 끝까지 일관된 논리에 따라 짜나가야 한다.

'세미나'라는 방법

문계 학습의 근거를 이루는 것은 '논문 쓰기', 또 하나는 '세미나'에서 논의하기이다. 몇 개의 기초적 지식과 방법론을 몸에 익히면서도 그것을 학습 성과로 잇기 위해서는 이 두 개의 학습의 실천을 연결 짓는 게 필요하다. 일례로서 내가 도쿄대 대학원에서 열어온 세미나를 소개하고자 한다. 이 세미나에서는 매번 반드시 세 명의 학생이 최대 20분의 시간 내에 자기의 연구에 대해 보고한다. 20분의 발표 후 약 40분의 토론을 한다. 어떤 경우에도 일본어와 영어로 이중 언어로 한다. 참가자는 전원 영어로 듣고 이해하지만 일본인 학생 중에는 영어로 자기 논의를 설명하는 게 쉽지 않은 학생도 있다. 다른 한편 유학생 전원이 일본어를 사용할 수 있는 것은 아니기 때문에 일본어 발표에서는 가급적 영어 요약을 덧붙이기를 추천한다.

중요한 것은 발표 시간을 20분 이내로 한다는 점이다. 왜냐하면 젊은 연구자는 자기의 연구 요점을 20분 이내로 전하는 훈련을 할 필요가 있기 때문이다. 요즘에는 국내외 어느 학회에서도 개인 발표에 주어지는 시간은 15~20분이다. 이것은 어떤 종류의 세계 표준이므로 젊은 무명 연구자들은 이런 세계 표준 틀 속에서 자기 연구를 효과적으로 상대에게 전하는 힘을 기를 필요가 있다. 게다가 나 자신의 지금까지의 경험을 되돌아봐도, 연구 과제의 설명은 약 10분, 연구 설명은 약 20분 정도면 자기가 어떤 목적으로 어떤 방법으로 무엇을 하려고 하는가, 그 핵심은 상대에게 전할 수 있다. 20분이면 상당히 깊은 논의라도 그 연구는 '질문'이 무엇이고 거기에 어떤 '대답'을 낼 수 있는가를 설명할 수 있다. 20분 발표 후 참가자 전원이 참여하는 토론이 약 40분, 그런 발표와 토론을 세 개 세션, 한 회의 세미나에서 하는 것이다.

나는 대학원 중점화 이후, 그때까지의 대학원 교육에서는 학생의 다양화에 대응할 수 없다고 생각해서 이런 세미나를 15년 이상에 걸쳐 운영해왔다. 대체로 세미나 참가자 학생이 20여 명 있으면 격주로 세미나를 열면 3개월 반, 즉 한 학기에 반드시 한 회는 거의 모든 대학원생이 자기 연구를 발표하게 된다. 여름 가을 2학기와 여름의 합숙으로, 한 명의 학생이 연간 적어도 3회, 이처럼 세미나 내부에서 발표하고 동료와 교수들의 질문과 공격을 물리치는 훈련을 하는 것이다.

이것은 대학원의 사례이므로 그대로 학부 교육에 들어맞을지는 모르겠지만, 기본적인 사고방식은 같다. 학부에서도 문계의 경우는 세미나가 매우 중요하다. 하나의 세미나가 성립하는 최대 인수는 대체로 25~30명일 것이다. 비교적 소수 집단이 교원과 TA, 학생 상호간에 철저한 논의를 하는 것이 세미나이므로, 이것은 졸저 『대학이란 무엇인가』에서 설명한 대로, 한때는 쇠퇴한 대학이 19세기 초에 '연구와 교육의 일치'를 목표로 한 훔볼트 이념 아래에 부활할 때의 중핵적 장치였다. 이 장치의 중심에 있었던 것이 대화의 창조력, 즉 누군가가 발표하고 거기에 대한 동료의 논의가 내재한 지적 창조성이다. 여기에 대학 학습의 핵심적 가능성이 있다. 대학 교수란 자기의 전문 지식을 전수하는 것뿐만 아니라 발표자와 토론자의 등을 밀면서 논의를 적절히 이끌어가고 어떻게 하면 학생들로부터 지적 창조력을 끌어낼 것인가를 알아차리는 사람이어야 한다.

게다가 이 대화를 중시하는 세미나의 모델은 만국 공통이다. 학문적 입장과 내용이 아무리 다르다 할지라도 발표와 토론, 대화 속에서 새로운 지식을 짜내는 것은 전 세계 대학이 같이 해온 것이다. 그뿐만 아니라 이미 내 세미나에서의 발표와 토론이 무엇을 조준한 것인가에서 보여준 바대로, 이런 세미나 모델을 그대로 개량한 것이 국내외 학회이다. 그러므로 앞에서 설명한 세미나에서 훈련된 젊은이들은 영어조차 익숙해진다면 충분히 국제학회에서도 통할 것이다. 실제 지금까지도 여비가 비교적 싼 해외 도시에서 개최되는 국제학회에서 많은 박사과정 대학원생이 동반해 학생들이 자기 연구를 심화시키는 중요한 기회로 삼고 있다. 국제학회도 국제회의도 실은 본질로는 대학 내 세미나에서 일상적으로 해온 것과 같은 것이다.

보편성·유용성·유희성

1. 사카구치 안고의 미야모토 무사시

전후 『타락론』으로 일세를 풍미한 작가 사카구치 안고坂口安吾에게 『청춘론墮落論·日本文化私觀』암파문고, 2008이라는 읽을 만한 작품이 있다. 1942년 가을, 즉 미드웨이해전의 대패를 겪고 일본 측의 전황이 갈수록 절망적인 상태가 돼가는 시기에 쓰인 문장으로, 곳곳에 당돌하게 등장하는 일본 전승을 기원하는 듯한 문장은 세상을 속이는 연기에 지나지 않는다는 확신을 들게 할 정도로, 글 속에는 그다운 반권위주의가 일관된 이 『청춘론』에서, 그는 미야모토 무사시를 논하고 있다.

자세한 논의는 생략하겠지만, 미야모토 무사시의 검술은 무사도와는 완전히 다른 실전적 성격의 것이라는 점이 안고의 주장이다. 무사도는 주인에 대한 신하의 행동을 다스리는 규범으로 발달되어 온 것으로 실제로 이기는 것보다는 질서의 규범으로서 중시되었다. 하지만 검술에서 싸움의 현장에서 상대에게 이기는 것이 모든 것이고 준비가 안 된 적에게 달려드는 것은 비겁하다든가 하나하나 이름을 부르고 나서 싸우기 시작하는 것 등 도쿠가와 시대에 확립된 무사도적 규범의식은 검술과는 관련이 없다는 것이다.

안고에게 미야모토 무사시의 가치는 무사로서가 아니라 철저하게 검술인이라는 점에 있었다. 무사시는 그보다도 지식이 있고 기술적으로 우세할지도 모르는 상대에게 어떻게 하면 이길 것인가를 필사적으로 계속 생각했다. 그러므로 그는 예를 들면 마쓰히라 이즈모노카미松平出雲守가의 고수를 상대하면서 아직 인사도 나누지 않은 채 준비도 안 된 상대에게 불의의 일격을 가해 쓰러뜨려버렸다. 이것은 매우 비겁한 방법이지만 무사시의 생각에는 시합장은 전장과 마찬가지로, 거기에 있으면서 싸울 준비를 하지 않는 것 자체가 잘못인 것이다. "뭐라도 상관없다. 적의 허점을 이용하는 것이 검술"이라는 것으로, "심리든 방심이든 어떤 약점이라도 이용할 수 있는 것은 모두 이용해서 이기는 것이 무사시가 고안해낸 검술"이었던 것이다.

그러므로 안고는 무사시가 변화의 가치를 강조하고 있다고 말한다. "지혜로운 자는 하나에서 둘로 변화한다. 하지만 지혜가 없는 자는 하나는 항상 하나라고 믿어버리기 때문에 지혜가 하나에서 둘로 변화하는 것은 거짓말이라고 말하고 약속이 다르다고 말하며 화를 낸다. 하지만 상황에 따라서 몸을 바꾸고 마음을 바꾸는 것은 병법의 중요한 비법"이라고 무사시는 쓰고 있다고 말한다. 안고는 이런 무사시의 사고방식에 공감했다.

그런 무사시의 본령이 유감없이 발휘된 것은 사사키 고지로와의 결전이다. 고지로는 속검, 즉 검의 속도가 엄청나게 빠른 것으로 알려져 있었다. 무사시의 검 속도는 고지로를 당하지 못했는데 이런 상대에게 이기기 위해서 무사시는 상대의 전법을 훤히 내다보고 그 약점을 찌르는 특수한 목도를 즉석에서 만들어 일부러 약속 시간에 한참 늦었다. 기다리다 지쳐버린 고지로의 초조함을 야기하는 발언을 일부러 해서 상대의 냉정함을 잃게 만들고 벌어진 그 틈을 놓치지 않고 찔러 승리했던 것이다. 불의의 일격이랄지 심리전이랄지, 무사시의 전법은 결코 정정당당한 것은 아니다. 오히려 "물에 빠지면 지푸라기라도 잡으려 하고, 최후까지 발밑에 있는 것을 닥치는 대로 이용해서 최후까지 살려고 하는", 그런 변환자재의 나쁜 단념이 무사시 검법의 비결이라고 안고는 논하고 있다.

따라서 무사시의 검법은 도쿠가와 쇼군徳川将軍가의 나침반 역할을 한 권위의 중심에 올라 있던 야규柳生류의 검법과는 대조적이었다. 야규류에는 대소 62종의 검술 유형이 있고 싸움의 유형에 따라 미리 패턴을 철저하게 학습하는 방법론을 취했다. 그런 야규류를 형식주의라고 비판하는 무사시는 싸움의 변형은 무한하기 때문에 미리 특정 패턴을 배워도 실전이 그것들과 잘 들어맞을 수는 없다. 오히려 고정된 패턴에 구애되지 않고 상대에 응해서 자기를 변화시켜야 하고 유연한 대응 능력을 몸에 익혀야 한다고 생각하고 있었던 것으로 보인다.

현대의 대학은 이 야규류의 형식주의, 혹은 전문주의에 빠지기 쉽다는 것이 본서의 개략적인 견해였다. 야규류가 생각하고 있던 62종의 검술 패턴은 꼭 현대의 세부화된 전문 분야를 닮았다. 이미 논한 것처럼 현대에는 지식도 사회도 복잡하게 유동하고 있다. 그런 사회에서 살아남기 위해서는 야규류가 아니라 무사시의 방법이 유효하다. 고지로는 누구와도 견줄 수 없는 압도적인 장검을 가지고 있었으나 그것은 다만 한 자루 칼이었다. 그 장검이 유효한 한, 무사시는 고지로에게 결코 승리할 수 없었겠지만 바로 그것이 하나의 한계라고 생각한 무사시를 움직였다. 고지로의 전문적 탁월성에 대해 무사시는 신축적인 월경성越境性을 가지고 싸웠던 것이다.

물론, '이도류'가 유일한 해답이 아닐지도 모르지만, 그렇지만 무사시의 이도류는 변환자재적, 상황주의적 검술이 필사적으로 발버둥치는 속에서 짜낸 방법의 하나였다. 후세의 우리가 볼 때, 변화에 대해 항상 열려 있으려는 무사시의 사고방식은 '이도류' 전법에 가장 명쾌히 요약되어 있고, 오히려 그렇기 때문에 무사

시의 무용담과 이도류의 이미지가 대중적으로 연결돼 받아들여
지는 것이라고 생각한다.

2. 미야모토 무사시에서 코페르니쿠스Nicolaus Copernicus로

미야모토 무사시는 16세기에서 17세기의 변화를 산 사람인데,
그보다 대략 한 세기 전 15세에서 16세기에 걸친 변화를 유럽에
서 산 사람이 코페르니쿠스이다. 그가 역사에 이름을 남긴 것은
물론 지동설 때문인데, 그는 처음부터 천문학자였던 것이 아니
다. 그렇기는커녕 애초 그를 '천문학자'라는 범주에 넣는 데는 무
리가 있다.

원래 젊은 코페르니쿠스가 폴란드의 명문 크라코프대에 입학
한 것은 백부를 이어 가톨릭교회의 신부가 되기 위해서였다. 그
러므로 신학이 그의 주 전공 분야였다. 하지만 이미 이 시대부터
대학에는 교양과목이 있었고, 그중에 수학과 천문학도 배우고 있
었다. 이윽고 그는 당시 학문의 중심지였던 북이탈리아에서 '유
학'하게 되어 세계에서 가장 오래된 대학인 볼로냐대에 들어가
주로 법학을 공부하였다. 일단 폴란드에 귀국한 후 다시 북이탈
리아에 돌아가 파도바대에서 의학을 공부하여 박사학위도 취득
하였으며, 페라라대에서 신학 학위도 취득하였다. 즉 그는 크라

코프대, 볼로냐대, 파도바대, 페라라대, 당시 명문대에 차례로 입학 내지 유학하여, 교양과목은 물론, 법학, 의학, 신학의 모든 것을 배우고 복수의 박사학위도 취득한 지식인이었다.

그 후 그는 대학교수가 되지 않고 고향인 폴란드로 돌아가 성직자가 되는 길을 택했다. 그리고 그 고향에서는 그의 이름은 우수한 의사로 유명해졌다. 천문학은 그 자신의 '자유'로운 정신에 중요했으나 동시에 그의 사회적 지위는 '천문학자'가 아니라 '신부'로 보장되었고, 그의 사회적 명성은 '의사'로 확대되었다.

게다가 코페르니쿠스가 지동설을 확신하기에 이른 최대 이유도 동시대 천문학상의 어떤 발견은 아니었다. 미디어사의 고전 『인쇄혁명』의 저자 아이젠슈타인Elizabeth L. Eisenstein은 코페르니쿠스의 지동설이 구텐베르크Johannes Gutenberg에 의한 활판인쇄의 발명으로 유럽에 대량의 인쇄물을 나오게 된 것을 배경으로 한 것이라고 지적하고 있다. 코페르니쿠스의 시대가 그 이전과 결정적으로 다른 것은 천문학 그 자체보다도 천문학을 둘러싼 미디어 환경이다. 선행자들과 달리 코페르니쿠스는 인쇄된 다양한 천문학 자료를 널리 사모아 직접 비교 참조해가면서 가설을 검증할 수 있었던 최초의 사람이었다. 즉 16세기에 정보 폭발이 존재했던 것인데, 이런 정보에 대한 접근성의 극적 변화에 의해 '근대'라고 우리가 부르는 새로운 시대가 시작된 것이다.

즉 코페르니쿠스는 '중세'에서 '근대'로의, 이 두 시대가 겹쳐지는 바로 전환점에 서 있던 사람이었다. 그의 학문적 기초는 중세 대학 시스템 속에서 길러진 것이었다. 신학, 법학, 의학, 거기에 교양과목은 중세 대학의 근간으로, 그처럼 이들을 복수적으로 배우는 것이 전적으로 예외적인 것은 아니었다. 오히려 그것은 일반적인 것으로, 예를 들면 그와 거의 동시대의 이탈리아 인문주의자들 다수도 복수의 대학과 도시를 전전했다.

예를 들면, 요절한 천재 조반니 피코 델라 미란돌라Giovanni Pico della Mirandola는 볼로냐대에서 법학, 파도바대에서 신학을 배운 후 각지를 편력했고, 에라스무스Desiderius Erasmus는 파리대, 옥스퍼드대, 토리노대, 캠브리지대, 루뱅대 등 실로 다수의 대학을 돌아다녔는데 한 대학의 교수로 정착하지 않았다.

다른 한편 코페르니쿠스의 후반생은 활판인쇄가 근대 지식의 지평을 넓혀가던 시대였다. 이 인쇄 미디어에 의한 새로운 정보 흐름 속에서, 대학은 지식의 계승 시스템으로서는 과거의 형태로서 시대에 뒤처졌다. 그런데도 미야모토 무사시와 거의 동시대를 유럽에서 산 갈릴레오 갈릴레이Galileo Galilei는 의학을 배우기 위해 피사대에 입학하여 이윽고 같은 대학의 기간제 수학 교수가 되어 그 임기가 끝나고는 파도바대에서 교수직을 찾아 수학과 천문학을 가르쳤다.

여하튼 우리는 이 전환점이 인류사상 특이할 정도로 지적으로 창조적 시대였다는 점을 알고 있다. '르네상스'라는 것이 이 시대의 이름인데, 북이탈리아를 중심으로 다수의 천재들이 배출되었다. 게다가 라틴어의 보편성이라고 할지 범유럽적 대학 시스템이라고 할지 활판인쇄로 결실 맺은 정보의 흐름이라고 할지 21세기의 세계화 사회에서도 통하는 다수의 시대적 경향이 이 천재들의 상상력을 낳았다. 그들에게 이도류, 삼도류, 사도류란 당연한 것이었는데, 그런 다도류는 그 천재들 이상으로 유럽 전역에 이르는 대학 네트워크의 지지를 받고 있었다.

3. 16세기에 접근하고 있는 21세기

미야모토 무사시와 코페르니쿠스를 비교하는 것은 그들이 세계사적으로 공통된 커다란 변화의 시대를 살았다는 그 이상의 깊은 이유가 있는 것은 아니다. 미야모토 무사시는 전국시대의 검술인이었고 코페르니쿠스는 중세 학자였다. 이 두 사람이 산 것은 근세 혹은 근대라고 하는 거대한 발전의 시대로 세계가 향해가기 직전이었다. 유럽은 16세기 이후, 대항해시대와 인쇄혁명에 의해 새로운 제국주의와 근대과학, 국민국가의 형성을 향해가고 있었는데, 코페르니쿠스는 그런 변화를 낳은 주역 중 한 사람이면서 그 자신의 인생은 그 앞에 놓여 있었다. 일본에서는 도쿠가와 막번 체제가 확립됨에 따라 무사시 같은 삶의 방식은 허락

되지 않았다. 안고가 옹호하는 무사시는 오사카의 겨울 전투와 여름 전투까지의 무사시이고, 그 이후의 무사시는 평범한 존재가 되어버렸다.

오늘날 그러나 역사는 다시 16세기에 가까워지고 있다. 1990년대에 냉전이 끝나고 세계는 다시 거대한 물결 같은 자본주의의 물결에 삼켜져버렸다. 현대의 세계화는 16세기 대항해시대의 연장선상에 위치해있다. 과거 수백 년, 세계적 시장 시스템 우세였던 시기와 국민국가 체제가 우세한 시기는 대체로 교대해서 생겼다. 1930년대부터 1970년대까지의 세계는 복지국가 체제 즉 국민국가 우세의 시대로 이것을 받쳐준 것은 동서 냉전 체제였다. 그런데 냉전 붕괴 전후부터, 신자유주의의 조류 속에서 1920년대까지의 세계와 같이 세계적 시장의 힘이 다시 전면에 나왔다. 그리고 그런 '세계적/국민국가적' 교대사를 거슬러 올라가면, 그 출발점은 은 본위 세계시장과 연결되는 16세기 대항해시대이다.

다른 한편 오늘날의 디지털 기술에 기반을 둔 정보 폭발이라는 측면에서도 16세기와 21세기는 닮았다. 코페르니쿠스의 지동설에 활판인쇄 기술에 의한 정보 폭발이 얼마나 중요했는가를 설명했다. 오늘날 21세기 세계는 세계적 금융시장이라는 측면에서도 정보에 대한 탈경계적 접근 가능성이라는 의미에서도 17~18세기 이후의 다른 어느 시대보다도 오히려 16세기에 다가가고 있다.

이 다섯 세기를 나눈 유사성이 보여주는 것은 요컨대 탈경계화, 즉 다양한 영역으로 나눠진 벽이 붕괴하고 역치閾値를 넘어서 세계가 맺어지고 유동화하는 경향이다. 사회적 벽이 낮아지고 사람들이 비교적 자유로이 이동하면서 지식과 기술을 몸에 익히는 상황이 16세기와 21세기가 닮았다. 실제 젊은 미야모토 무사시와 젊은 코페르니쿠스는 그 이외 모든 면에서 다르지만 두 사람 모두 '편력'하는 인간이었다는 점에서 닮았다. 무사시가 편력하면서 획득한 것은 검술이고 코페르니쿠스는 학문이었다. 하지만 이 '편력'을 재촉한 것은 사회 전체의 유동화, 탈경계화였다.

지금 세계사를 생각해보면 적어도 16세기에서 21세기까지 이어져 온 근대라는 거대한 물결이 있다. 물론 그 물결에는 몇 개의 단층이 있는데, 일본의 입장에서 19세기 중반의 막말 유신기와 20세기 중반의 패전 후는 그런 단층이었다. 그리고 지금 21세기 초도 이런 커다란 물결의 틈이 보이기 시작하는 단층이라고 할 수 있다.

그런 위기의 시대에 가치를 낳는 것은 기존의 고정관념과 질서, 영역, 분야를 창조적으로 월경하는 힘이다. 만약 미야모토 무사시가 편력하지 않고 한 사람의 주인을 계속 섬겼다면 다소 검술 실력은 익혔을지 몰라도 무명의 남자로 끝났을 것이다. 코페르니쿠스가 북이탈리아에 유학하지 않고 계속 폴란드에 머물렀다면 최초의 지동설 제창자는 코페르니쿠스가 아닌 다른 인물이 되었을 것이다. 그리고 그의 시대 그의 편력을 가능케 했던 것은 틀림없이 북이탈리아에서 동구와 북구, 영국까지 퍼진 대학의 네트워크였다.

4. 전란과 정변을 넘어가는 대학

일본의 전국시대 이상으로 유럽에서는 12~13세기 이래 많은 전란의 시대가 있었다. 수많은 전투가 있었고 도시가 파괴되었고 몇 개의 나라가 망했다. 그런 전란의 시대가 끝난 것처럼 보인 계몽시대 이후에조차, 프랑스와 독일은 싸움을 계속했고, 20세기가 돼서도 양차 세계대전 같은 피투성이 전쟁은 계속되었다. 그런 와중에 사람들의 가치관이 완전히 바뀌어버리는 변동이 몇 번 있었다. 페스트의 유행과 종교전쟁, 이윽고 프랑스혁명, 산업혁명, 전체주의 등 얼마만큼 유럽 사람들의 가치관은 근저에서 변했을까. 그런데도 대략 800년 이상 대학은 이어져 왔다. 물론 중세의 대학과 근대의 대학은 그 내실이 완전히 다르다. 하지만 대학은 국민국가보다도 자본주의보다도 길게 이어져 온 제도이다.

그것만이 아니다. 근대적 대학의 탄생 — 19세기 독일에서 대학의 기적적 재생 — 은 바로 그 전란의 한복판에서 즉 프랑스에 대한 독일의 결정적 패배라는 굴욕적 경험에서 일어난 사건이었다. 군사적 패배가 학술·문화면에서의 부흥과 탁월함에 대한 욕망을 불러일으켰다.

비슷한 역학은 메이지 이후 일본에서의 대학 발흥을 맡고 있던 사람들 중에 보신전쟁戊辰戰爭의 패자가 많이 포함돼 있었던 것에서도 볼 수 있다. 도시샤대의 총장 야마모토 카쿠마山本覚馬와 도쿄제국대의 총장 야마카와 겐지로山川健次郎는 이 두 대학에서 매우 중요한 인물인데 모두 아이즈번 사무라이였다. 오쿠마 시게노부大隈重信는 사가번 사무라이였는데, 그가 와세다대를 창립한 계기는 1881년메이지 14년 정변의 패배로 인한 하야였다. 막부 옹호파는 아니었으나 오이타의 작은 번 나카즈번 사무라이 후쿠자와 유키치福澤諭吉가 메이지 일본을 대표하는 지식인이 된 계기는 오사카 데키주쿠適塾에서의 유학이었다. 편력과 월경의 경험은 틀림없이 일본 근대의 원동력이었다.

후쿠자와는 『학문의 권장』에서 당시 서양 지식의 번역이 활발한데 학자들은 그 서양 지식을 수입할 뿐 그 지식에 들어가 있는 정신을 이해하지 못하고 또 그 정신을 일본의 현실에 어떻게 적용할 것인가를 생각하지 않는다고 비판했다. 이어서 그는 "학자, 사군자, 모두 관이 있는 것을 알되 내가 있음을 모르고, 정부 위에 서는 방법을 알되 정부 아래 사는 길을 모른다"라고, 관학계 학자가 정부에 봉사하는 데에 열심인 것을 통렬하게 비판했다.후쿠자와 유키치, 『학문의 권장』 4편 「학자의 직분을 논함」, 이와나미문고, 1942

후쿠자와에게 자기가 비판당했다고 느낀 메로쿠샤明六社의 동료는 모두 후쿠자와에게 반론했다. 그중에서도 도쿄대 초대 '총리'가 된 가토 히로유키加藤弘之는 후쿠자와에 대해 "선생의 논은 자유로워 (…중략…) 자유론이 심히 과할 때는 국권은 결국 쇠약해질 수밖에 없다"라고 반론하고 있는데, 이 논쟁은 내용도 각오도 분명히 후쿠자와의 승리이다.가토 히로유키, 「후쿠자와 선생의 논에 답함」, 『明六雜誌』上, 이와나미문고, 1999 후쿠자와는 "백문이 불여일견이다. 지금 내가 사립의 실례를 보여 인간의 사업은 오로지 정부에게만 맡길 것이 아니라 학자는 학자로서 내 일을 할 것이라"고 말하며 게이오대의 경영을 본격화하였다.

이상의 일화는 대학이 애초 무엇에 봉사하는 기관인가를 상징하고 있다. 유럽에서 나폴레옹군에 패한 사람들이 근대의 새로운 대학의 골격을 만들었고 일본에서는 사쓰마·조슈 군대와 번벌 정부에 패한 사람들이 이 나라의 대학 역사에 다대한 공헌을 했다는 것은 우연이 아니다. 그들이 대학에 건 것은 대학이 당시 정부와 국가를 훨씬 넘어선 가치에 봉사하는 기관이라는 것을 간파했기 때문이다. 실제 12세기 유럽에 탄생한 이래 대학은 일관해서 무엇인가에 봉사해왔다. 더욱 정확히는 그런 존재로서 자기를 정당화하고 권위를 부여함으로써 그 탁월한 지위를 권력자들에게 인정받았다. 제2장에서 이미 다뤘던 것처럼 그 '무엇인가'란 한마디로 말하면 '인류 보편의 가치'였다.

'인류 보편의 가치'가 무엇인가는 그리스도교 세계에 있었던 중세의 대학에서는 비교적 이해하기 쉬웠다. 그 경우 보편성이란 우선 그리스도교적 보편성으로, 다만 거기에 이슬람을 거쳐 다시 도입된 아리스토텔레스^{Aristoteles} 철학이 연결돼 있었는데, 스콜라 철학의 복잡한 체계가 생겼다는 것은 이미 졸저『대학이란 무엇인가』에서 말한 대로이다. 19세기 이후 대학은 그런 종교적 가치관에서 벗어나 계몽적 가치의 보편성과 연결되었다. 그리고 그 계몽적 가치에서 잉태된 서양 중심주의와 자민족 중심주의가 20세기 다양한 인문사회과학에서 비판되었다.

하지만 이것은 대학이 무언가 보편성의 추구를 완전히 단념했다는 의미는 아니다. 그러면 대학의 자기부정이 된다. 오히려 대학은 공동체와 국가, 기업과 종교 같은 개별적 가치의 한계를 넘어 탈영역적, 월경적으로 보편적 가치를 추구·창조하는 힘을 계속 유지할 수 있다. 현대에 그것은 지구사회에 있어서 미래 가치가 될 것이고 세계적인 지적 정수도 될 것인데, 여하튼 대학은 국가라는 단위를 넘어선 보편적 가치에 봉사하는 존재이다.

이런 보편적 가치로부터의 거리가 대학이라는 조직의 지향점도 조건 짓는다. 이런 보편성은 대체로 업계 단체와 국가 등의 이해와 가치보다도 훨씬 멀리 있기 때문에 그 실현에 이르는 시간은 길고 지향권에 들어오는 범위가 넓어진다. 대학 밖에 있는 업계 단체와 정부로서는 대학이 지향하는 가치가 자기들의 일상적인 가치보다도 멀리 있는 것이어서, "대학은 이해가 어렵다"라는 인상을 가지고 있다. 그들로서는 자기들이 신봉하는 것과 같은 가치를 향해 대학이 그 재능을 발휘한다면 매우 "도움이 될"텐데도, 대학은 어쩐지 "지나치게 고상한" 가치를 지향하고 있다고 생각하기 쉽다.

하지만 이 먼 가치, 보편성이야말로 대학의 생명선이다. 대학이 지향해야 하는 가치는 3년, 5년, 10년 안에 성과가 나는 것은 아니다. 확실히 이계의 경우에는 비교적 단기에 일정한 성과를 보기 쉽고 그것이 바깥에서 볼 때의 '이해하기 쉬움', '투자하기 쉬움'과 연결된다. 이에 반해 문계 지식은 법학과 경영학의 일부를 제외하면 대개는 30년, 50년, 100년을 시야에 넣으면서 자신의 가치를 생각한다.

오늘날의 대학은 영원한 가치의 실현을 지향하는 그리스도교적 보편성이 지배하고 있는 것도 아니고 근대적 계몽을 19세기와 같이 계속 신봉하는 대학도 소수파이다. 그런데도 대학과 전문학교를 가르는 최대의 포인트는 대학이 사회적 수요에 부응해 '인재'를 공급하는 훈련소가 아니라는 점, 그런 인재 수요의 단기적 변동을 넘어 긴 시간과 넓은 공간을 포괄하는 가치와 연결되어 있다는 점이다. 오늘날 여전히 인류적 보편성, 특히 지구사회의 미래를 향한 가치에 봉사하는 조직이라고 표방하는 점에 있어 대학은 계속 존재하는 것이다.

5. 유용성의 기저에 있는 유희성

본서도 그럭저럭 끝이다. 지금까지 네 개 장에 걸쳐 진행해온 논의를 마치기 전에 하나 보충할 점이 있다. 나는 본서에서 문계 지식은 "오랫동안 도움이 된다"는 점을 강조했다. 즉 문계는 "도움은 안 되지만 가치가 있다"는 주장에 반대해서, 문계 지식은 이계와는 다른 방식으로 "도움이 된다"고 주장해왔다. 그런 주장을 하지 않는 한, 자명성 속에서 만연하는 이계적 유용주의의 한계를 보이는 것은 어렵기 때문이다.

하지만, 오해 없기를 바라지만, 나는 문계 지식에 "도움이 안 되는" 부분이 없다든가 그것은 필요 없다고 말하는 것은 아니다. 문계 지식은 오랜 시간적 지향점을 가짐으로써 기존 가치의 전환에 대응해 새로운 가치를 창조할 수가 있다. 이것은 가치 창조적 유용성으로 우리 사회의 미래에 절대적으로 필요한 것이다. 특히 본서에서 설명한 "미야모토 무사시의 이도류"와 "인생의 선로 전환기로서의 대학"에서 보면 수단적 유용성의 밖으로 나오기가 어려운 이계 이상으로, 그런 목적과 가치를 상대화할 수 있는 문계 지식은 앞으로의 대학이 강화해야 할 또 하나의 유용성의 기반이다.

하지만 그런 가치 창조적 유용성의 기저에 결코 도움이 되지 않는 유희성으로서의 학습이라는 지평이 있다. 내가 여기서 마지막으로 다루고 싶은 것은 네덜란드의 역사가이자 라이덴대 총장이었던 요한 하위징아Johan Huizinga의 『호모 루덴스(노는 인간)』에 대한 저명한 통찰이다. 그는 이 저작에서 모든 문화의 근저에는 '놀이'가 있다는 점, 문화는 애초 노는 것이었다는 점을 풍부한 예를 들어 힘 있게 보여주었다. 그는 '놀이'가 뭔가 특별한 목적과 원인, 즉 유용성과 필연성에 따라 설명되는 것이 아니라 거기서부터 인간 문화의 모든 것을 비출 수 있는 '근원적인 생의 범주'라고 생각했다.하위징아, 『호모 루덴스』, 중공문고, 1973

그러므로 그는 모든 문화를 "놀이의 모습 아래에서" 재검토했다. 예를 들면 언어, 신화, 축제 같은 문화의 근원적 형태는 모두 놀이를 기반으로 하고 있다. 언어의 경우 어떤 추상적 표현이라도 그것을 받쳐주는 것은 비유의 작용인데 어떤 비유에도 언어의 놀이가 숨어 있다. 또, 신화와 축제가 창조하는 세계에도 끊임없이 놀이의 정신이 숨 쉬고 있다. 즉, 인간이 공동생활을 시작하여 문화를 형성하게 됐을 때부터 그 문화에는 모두 놀이가 삽입되어 있었던 것이다.

하위징아의 이런 논의가 중요한 것은 그때까지 암묵적 전제로 한 놀이의 종속적 위치를 완전히 역전시켜버린 점에 있다. 그는 '놀이'와 '진지함'을 대립시키는 생각에 반대했다. 놀이는 실제로 어떤 활동보다도 진심으로 이뤄진다. 그에 따르면, 놀이는 문화의 주변에 있는 게 아니라 문화는 놀이를 통해서야 생성되는 것이다.

놀이가 없는 곳에 정말로 충실한 의미를 발견해낼 수는 없다. 놀이야말로 모든 의미 있는 세계의 모태이다. 그의 '노는 인간'은 '노는 인간'이라는 멸시적인 호칭과는 정반대로 가치가 사회적으로 창조될 때의 근저를 확실히 보고 있다.

이런 하위징아의 탁견에서 보면, 대학의 지식, 특히 문계 지식의 근저에 '놀이'가 없어서는 안 된다. 유용성과 "도움이 되는" 것 등과 관계없이 '노는' 것은 대학의 학습과 지식의 근저에 있는 활동이다. 훌륭한 학생은 "잘 노는" 학생이어야 하며 훌륭한 교수는 "잘 노는" 교수여야 한다. 역으로 말하면 대학이 그 지적 행위에서 '놀이'를 잃어버리는 것은 대학 지식의 창조성 그 자체를 상실하는 것이다. 덧붙여서 오늘날 중기 계획·중기 목표에 붙들려 있는 국립대는 확실히 그런 상실 상태에 있는 것처럼 느껴진다. 오늘날의 대학, 특히 국립대는 외부에서 압력을 받는 것 이상으로, 목표 설정과 자기 관리, 괴롭힘 예방과 법규 준수, 온갖 주의 의무에 따라 스스로 칭칭 얽혀서 질식 직전이다. 이것은 놀이를 잃어버린 인간의 전형적인 상태라고 할 수 있다.

본서가 주장해온 것은 그런 지식의 근저에 있는 유희성을 부정하는 것은 결코 아니다. 분명히 대학 지식을 성립시키는 기반에는 '놀이'가 존재하며, 존재해야 한다. 하지만 그런 유희성은 대학이 아니라도 초등학교, 중학교도 포함한 학교 현장 전체에서 똑같이 학습의 근저를 이루고 있다. 그들 학습과 문화 일반과 공통의 기저를 가지면서도 대학은 이 '놀이'를 가치의 다원적 보편성으로 승화시켜가야 할 장소이다. 그런 종류의 '승화', 수직적이고 멀리까지 도달하는 가치 생성의 축을 포함하고 있는 것이 대학 지식의 탁월성, 인류사적 정수의 유래인 것이다.

하위징아가 『호모 루덴스』를 출판한 것은 1938년인데, 그 2년 후인 1940년에 나치 독일은 네덜란드를 침공했다. 하위징아의 저작 속에 나치즘 비판을 냄새 맡은 나치스는 라이덴대를 폐쇄하고 그를 강제수용소에 수감했다. 그는 곧 석방되었지만 나치 붕괴 직전인 1945년 2월에 죽을 때까지 나치에 의해 계속 연금되었다. 이런 시대 상황에서 그의 '노는 인간'에 대한 통찰을 거듭 읽어낸다면, 그것이 현대의 전체주의와 관리주의에 대한 투철한 비판이라는 점이 이해될 수 있다. 1930년대 나치즘에서도 스탈린주의에서도 자유가 압살되어 간 시대를 앞에 두고 자유의 근저에 있는 것은 '놀이'라는 점을 간파하고 그는 '놀이'의 창조성, 근원성을 그의 인생의 마지막 힘을 다해 옹호했다.

그때부터 80년 가까이 지난 2015년 여름, 일본에서 돌발한 문과성 '통지'에 대한 비판 소동은 제1장에서 확인한 것처럼 실로 너무나 천박한 매스컴 기자들의 보도에 사회 전체가 놀아난 것이다. 그런데도 그 비판에 많은 대학인이 참가한 것은 1930년대 말의 하위징아에게도 통하는 위기감을 그들이 가지고 있었기 때문인 것으로 생각된다. 2000년대 이후 대학의 변화가 '자유'가 아니라 '부자유'로의 '개혁'이라고 많은 대학 관계자는 느낀다. 그런 답답함 속에서 '통지' 보도에 생각지도 못하게 반응한 것이 2015년 여름의 일이었던 게 아닐까.

그래서 여기서 문제화한 상황에 대처할 방향은 현재의 대학과 거기서의 문계의 궁상을 계속 방어하면서 문계는 "도움은 안 되지만 가치가 있다"라고 주장하면 그만이 아니다. '노는 것'과 '도움이 되는 것', 유희성과 유용성의 관계는 결코 대타적인 것이 아니다. 오히려 노는 것이야말로 도움이 된다, 즉 유희성에서 새로운 가치와 목적이 나오고 유용성도 성립되는 회로가 존재한다. 실제 일본의 산업계에도 이런 회로를 자세히 알고 있는 몇 명의 훌륭한 경영자가 있다. 그리고 그런 회로는 3년, 5년이 아니라 30년, 50년, 100년이라는 시간 속에서 가치의 생성과 변화를 꿰뚫어 보는 데서야말로 발견될 수 있는 것이다. 그렇게 되면 우리는 과거의 억압 망령이 다시 소생해서 습격해오는 것을 두려워하기보다도 50년, 100년 후 미래를 향해서 거기에 도움이 되는 대학의 지식이란 무엇인가를 생각하고 어떤 전망에서 인문사회계 학문을 재편하고 재조립할까를 생각해야 한다. 지금 이대로가 좋다고 나는 생각하지 않는다. 대학을 자기부정 하지 않기 위해서도 지켜온 전통을 소중히 하는 것으로 족하다는 인문사회과학의 사고방식은 근저에서 변하지 않으면 안 될 것이다.

후기

이 책은 졸저 『대학이란 무엇인가』이와나미신서, 2011에서 시작한 대학을 미디어로 철저히 파악하는 작업의 속편으로, 소위 그 응용 편에 해당한다. 『대학이란 무엇인가』는 과거 수백 년의 역사를 시야에 넣은 대학＝미디어론의 원리 편인데, 이 책은 오히려 2015년 여름, 순간적이라고 할 시간에 생긴 '소동'에서 그 배후에 있는 대학 지식을 둘러싼 이 수십 년간의 변화, 게다가 그 배후에 있는 사회 통념, 이들 다양한 곤란을 넘어서는 대학의 모습에 대해 다뤘다.

이 '소동'에 내가 흥미를 느낀 것은 단순히 문제가 된 '통지'의 문맥적 이해가 되지 않고 문장의 글자만으로 기사를 쓰고도 아무렇지도 않은 매스컴 기자들, 혹은 관련 자료를 찾아보거나 기사를 계통적으로 검증하지도 않고 매스컴 정보를 전제로 논의를 시작한 일부 대학인과 미디어 언론인들의 무자각한 태도에 화가 났기 때문만은 아니다. 오히려 다소의 자료를 조사하는 중에 이 '소동' 밑에 신자유주의의 석권 속에서 1990년대부터 일본의 대학 교육의 근저를 무너뜨려 온 커다란 문제와 연결된 균열이 있다고 생각하기에 이르렀기 때문이다.

'문계학부 폐지'를 '문과성'이 통지한 것 같다는 언설에 일본의 매스컴과 언론인과 대학인, 게다가 산업계에서 일반 국민까지 왜

이 정도로 큰 소동이라고 할 반응을 보였던가. 그런 반응은 이 사회에 퍼져 있는 어떤 무의식을 기반으로 하고 있고, 이런 방식의 소동을 통해 면죄부를 받고 망각되는 것은 도대체 어떤 위기인가.

나는 본서를 통해 "문계는 도움이 안 되니까 필요 없다"는 논의뿐만이 아니라 "문계는 도움은 안 되지만 가치는 있다"는 논의까지 비판해왔다. 이들에 대해 "문계는 반드시 도움이 된다"는 것이 본서의 주장이었는데, 그런 주장을 하기 위해 "도움이 된다"는 것은 어떤 것인가를 다시 물을 필요가 있었다. "도움이 된다"는 것은 이후 5년의 경제 성장에 공헌한다는 수단적 유용성에 한정되지 않는다. 그런 '효용'의 논리는 특정 가치 체계 속의 일에 지나지 않는데 긴 역사적 안목에서 보면 가치 축은 반드시 변화한다. 고도 성장기와 현재를 비교한다면 분명한 것처럼 지금까지도 수십 년 단위로 가치의 축은 변화해왔다. 그리고 그 가치의 축이 커다랗게 변화할 때 과거의 수단적 유용성은 순식간에 "쓸모없어진다".

그러므로 정말로 중요한 것은 그런 가치 축을 창조하는 힘이며, 거기에는 기존 가치를 비판하는 것, 즉 우리가 자명하다고 생각하는 가치를 상대화할 힘이 필요하다. 문계 지식은 본래 첫 번째로 그런 장시간의 취급 시간에서, 두 번째는 취급 대상이 자기 자신이라는 특징에서, 세 번째로 이런 지식의 근저에 무목적의 유희성이 잠재하고 있다는 점에서, 더욱 보편적인 시야에서 그때

그때의 가치의 상대화와 새로운 가치를 창조할 수 있게 하는 유력한 기반이다.

물론 현재는 수십 년간의 대학 정책도 각 대학의 학부·대학원 교육의 현실도, 그 속에서 비명을 지르고 있는 대학 교원의 인식과 시야도 여기서 설명한 이상에 비추어 보자면 절망적으로 거리가 있다. 분명히 오늘날의 대학은 일반적인 인식 이상으로 악화되고 있다. 이런 악화는 적어도 국립대학 법인화의 전후부터, 더욱 길게 잡으면 설치 기준의 완화와 대학원 중점화 시기부터, 이미 수십 년 이상에 걸쳐서 계속돼온 것이다. 그리고 이 악화는 단순히 대학의 예산뿐만 아니라 대학 교직원의 의식, 대학생과 대학원생의 학습, '대학'이라는 존재를 위치 짓는 일본 사회 전체의 악화와 깊이 연결돼 있다.

다른 한편 오늘날 대학의 심각한 악화와 위기 속에서 필사적으로 계속 격투해온 몇 사람의 교원, 직원, 행정관이 있다는 점을 나는 알고 있다. 또, 이런 곤란한 시대에 대학생이 돼버린 젊은이들 속에서 경탄할 정도로 훌륭한 재능과 미래에 대한 확신을 가진 사람이 적지 않다는 것을 나는 현장에 있는 한 사람으로 알고 있다. 그러므로 이 책은 누구보다도 우선 나 자신이 구체적으로 머릿속에 떠올릴 수 있는 사람들에게 마음을 담아서 바치고 싶다.

이 책을 마무리하기 전에 몇 개 주석을 덧붙이고자 한다. 본서에서는 상당수 신문기사를 참조했는데 그것들은 기본적으로 디지털판 내용에 근거하고 있다. 오늘날의 디지털 아카이브의 발전은 긴 시간과 넓은 영역을 사정권에 넣어야 하는 학문 활동에서는 매우 반가운 소식이다. 본서도 역시 그런 기술적 발전의 은혜를 입고 있다는 점을 덧붙이고 싶다.

이 책의 중핵이 되는 논의는 이미 『주간 금요일』 2015년 8월 21일 자에 「대학은 국가에 봉사하는 것이 아니다. '인류적 가치'에 봉사하는 것이다」에서 보인 바 있다. 또, 같은 해 11월호 『현대사상』의 특집 '대학의 종언 인문학의 소멸'에 「"인문사회계는 도움이 안 된다"라는 말은 정말인가?」라는 논문도 합쳐서 정리했다. 본서는 이들 논의를 발전시킨 것이다. 하나의 논문이 한 권의 책이 된다는 것은 간단한 이야기가 아닌데, (편집자를 애먹인 내가) 수개월 내에 그것을 실현시키는 어려운 작업은 집영사 신서 편집장 오치아이 마사토落合勝人 씨를 시작으로 신서 편집부의 발군의 지원이 없었다면 절대로 불가능했다. 마음을 다해 감사드리고 싶다.

『대학이란 무엇인가』를 쓴 때부터 나는 일본의 대학에 대해서는 '전후'편을 세계적으로는 '미래'편을 정리할 필요가 있음을 느껴왔다. 이들 속편을 위한 중간점인 본서가 현재의 혼란스러운 대학 논의에 파문을 일으킬 수 있다면 다행이겠다.

2016년 1월 1일

역자 후기

이 책은 일본의 대표적인 문화연구자 요시미 슌야의 2016년 저서를 번역한 것이다.

요시미는 그동안 일본 근대 이후의 일본 문화에 대한 독보적인 시각을 갖춘 출중한 성과를 지속적으로 내놓은, 현대 일본을 대표할 만한 연구자이다. 그는 2010년대 들어 그가 몸담고 있는 대학의 위상과 향방을 고민하는 성과들을 내놓고 있는데, 그 한 권은 이미 『대학이란 무엇인가』로 국내에 소개됐고, 또 한 권의 대학 관련 저서가 이번에 국내에 소개되는 것이다.

일본의 대학은 현재 신자유주의적 세계 경쟁과 학령인구 감소라는 국내외적인 상황에서 위기를 맞고 있다. 그런 상황 속에서 대학이 나아가야 할 방향을 고민하는 것은 단순히 대학 교육을 책임지는 일부 국가 관료와 대학 내 행정가들만의 몫이 아니라, 그곳에 몸담고 있는 교육자들의 몫이기도 하다.

요시미는 이 책에서 2015년 일본에서 화제가 된 '문계학부 폐지'라는 상당히 자극적인 언론 보도들의 내막을 살피는 데서 시작하여, 대학에서 문과와 이과의 학문적 차이를 서구의 대학 역사 속에서 되짚고, 일본의 대학이 가진 문제점들을 확인한 후, 21세기 대학이 지향해야 할 정체성에 대해서 그 나름대로의 주장을 내놓고 있다.

요시미의 이 책은 기본적으로 일본 국내의 상황과 서구 유럽 대학의 역사를 교차하면서 논의를 진행하고 있다는 측면에서, 단순히 일본적 특수성에만 국한된 이야기도, 서구적 보편성에만 국한된 이야기만도 아니다.

독자는 이 책을 읽으면서 대학의 위기가 단순히 우리나라만의 문제가 아니라 가까운 나라 일본의 문제이기도 하다는 점을 알게 될 것이다. 우리 사회에서도 대학의 위기에 관한 이야기들이 논의되고, 국가가 그에 맞는 정책이나 시책을 추진하고 대학이 움직여가고 있다.

그러나 현재 우리 사회 전체가 공유할 만한 합의가 충분히 이뤄진 상태라고는 할 수 없다. 국가는 관료적인 단순 논리로, 그리고 대학은 생존을 위한 몸부림 차원에서 움직일 뿐이 아닌가 싶다. 무조건 학생 수나 대학 수를 줄이는 것으로 미래 대학이 제대로 유지되리라는 것은 너무나 안일한 태도가 아닐까.

역자가 이 책을 접한 건 2018년쯤이었다. 그 당시 역자가 몸담고 있는 대학에서는 수시로 구조조정 이야기가 나왔고, 국가가 선별적으로 던져주는 교육 재정을 확보하기 위한 노력이 치열하게 펼쳐졌다.

역자는 이런 상황에서 대학에 대한 고민을 본격적으로 시작하게 됐다. 그 과정에서 그런 고민을 도와줄 책들을 찾아보게 됐고, 그 과정에서 발견한 게 요시미의 이 책이었다. 그 당시 출간된 지

얼마 되지 않았고, 역자 혼자만 읽고 말기에는 아깝다는 생각이 들어 번역을 시작하게 됐다. 초고 번역은 순식간에 이뤄졌지만 그때로부터 2년 남짓 지난 이제서야 출간을 하게 됐다. 좀 더 일찍 출간이 됐더라면 하는 아쉬움이 없지 않지만, 그 2년 사이에 특별한 상황의 변화가 없어 보인다는 측면에서 한 편으로 안심(?)이 되기도 한다.

출간이 될 수 있게 힘써준 소명출판에 감사한다.
부디 이 책이 대학의 미래를 고민하는 사회 각계 인사들이 혜안을 얻는 데 도움이 되기를 바란다.

2022년 11월
역자 씀

참고문헌

エリザベス・L・アイゼンステイン,『印刷革命』, 別宮貞德 監訳, みすず書房, 1987.

天野郁夫,『国立大学・法人化の行方』, 東信堂, 2008.

アレゼール日本編,『大学界改造要綱』, 藤原書店, 2003.

石田英敬,「瀕死の'人文知'の再生のために－教養崩壊と情報革命の現場から」,『中央公論』, 2009.2月号.

石弘光,『大学はとこへ行く』, 講談社現代新書, 2002.

猪木武德,『大学の反省』, NTT出版, 2009.

岩崎捻・小沢弘明 編,『激震! 国立大学』, 未來社, 1999.

マックス・ウェーバー,『職業としての学問』, 尾高邦雄 訳, 岩波文庫, 1980.

　　　　　　　　　　,『プロテスタンティズムの倫理と資本主義の精神』, 岩波文庫, 1989.

ウォラースティーン, 本多健吉・高橋章 監訳,『脱＝社会科学』, 藤原書店, 1993.

潮木守一,『世界の大学危機』, 中公新書, 2004.

葛西康德,「Mixed Academic Jurisdiction－グローバル時代の学士課程」,『創文』, 2011.秋 No.3.

オルテガ・イ・ガセット,『大学の使命』, 井上正 訳, 玉川大学出版部, 1996.

金子元久,『大学の教育力』, ちくま新書, 2007.

苅谷剛彦,『イギリスの大学・ニッポンの大学』, 中公新書ラクレ, 2012.

苅部直,『移りゆく'教養'』, NTT出版, 2007.

イマニュエル・カント, 角忍・竹山重光 訳,「諸学部の争い」,『カント全集』第18巻, 岩波新書, 2002.

ェドワード・W・サイード, 大橋洋一 訳,『知識人とは何か』, 平凡社, 1995.

坂口安吾,『墮落論・日本文化私観』, 岩波文庫, 2008.

清水真木,『これが'教養'だ』, 新潮新書, 2010.

　　　　,『忘れられた哲学者－土田杏村と文化への問い』, 中公新書, 2013.

曽田長人,『人文主義と国民形成』, 知泉書館, 2005.

竹内洋, 『教養主義の没落』, 中公新書, 2003.

_____, 『学問の下流化』, 中央公論新社, 2008.

橋木俊詔, 『東京大学 エリート教育機關の盛衰』, 岩波書店, 2009.

立花隆, 『東大生はバカになったか』, 文春文庫, 2004.

土持ゲーリー法一, 『戦後日本の高等教育改革政策』, 玉川大学出版部, 2006.

筒井清忠, 『日本型'教養'の運命』, 岩波現代文庫, 2009.

寺脇研・広田照幸 対談, 「大学はカネ儲けのためにいるのではない!」, 『週刊金曜
    日』, 2015.8.21日号.

ジャック・デリダ, 西山雄二 訳, 『条件なき大学』, 月曜社, 2008.

中井浩一, 『徹底檢證 大学法人化』, 中公新書ラクレ, 2004.

_____, 『大学'法人化'以後』, 中公新書ラクレ, 2008.

永井道雄, 『未完の大学改革』, 中公叢書, 2002.

中山茂, 『帝国大学の誕生』, 中公新書, 1978.

南原繁, 『新装版 文化と国家』, 東京大学出版会, 2007.

西山雄二 編, 『哲学と大学』, 未來社, 2009.

_____, 『人文学と制度』, 未來社, 2013.

ピーター・バーク, 井山弘幸・城戸淳 訳, 『知識の社会史』, 新曜社, 2004.

アンドリュー・E・バーシェイ, 宮本盛太郎 監訳, 『南原繁と長谷川如是閑』, ミネ
    ルヴァ書房, 1995.

蓮實重彦, 『私が大学について知っている二, 三の事柄』, 東京大学出版会, 2001.

広田照幸 他 編, 『大衆化する大学』(シリーズ大学 2), 岩波書店, 2013.

_____, 『教育する大学』(シリーズ大学 5), 岩波書店, 2013.

福沢諭吉, 『学問のすゝめ』, 岩波文庫, 1942.

藤本夕衣, 『古典を失った大学』, NTT出版, 2012.

ピエール・ブルデュー, 石崎晴己・東松秀雄 訳, 『ホモ・アカデミクス』, 藤原書
    店, 1997.

パワロ・フレイレ, 三砂ちづる 訳, 『被抑圧者の教育学』, 亜紀書房, 2011.

ホイジンガ, 高橋英夫 訳, 『ホモ・ルーデンス』, 中公文庫, 1973.

山室信一・中野目徹 校注, 『明六雑誌』上, 岩波文庫, 1999.

吉田文,『大学と敎養敎育』, 岩波書店, 2013.

吉見俊哉,『カルチユラル・スタデイーズ』, 岩波書店, 2000.

_____,『ポスト戰後社会』, 岩波新書, 2009.

_____,「爆發の時代に大学の再定義は可能か」,『中央公論』, 2010.2月号.

_____,『大学とは何カ』, 岩波新書, 2011.

青木保・吉見俊哉,「対談 日本の大学の何ガ問題カ」,『中央公論』, 2012.2月号.

ジャック・ランシエール, 梶田裕・堀容子 訳,『無知な敎師』, 法政大学出版局, 2011.

ジャン゠フランソワ・リオタール, 小林康夫 訳,『ポスト・モダンの条件』, 書肆
風の薔薇, 1986.

デヴィッド・リースマン, 新堀通也 他 訳,『大学敎育論』, みすず書房, 1961.

ビル・レディングス, 青木健・齊藤信平 訳,『廃虚のなかの大学』, 法政大学出版
局, 2000.

シェルダン・ロスブラット, 吉田文・杉谷祐美子 訳,『敎養敎育の系譜』, 玉川大
学出版部, 1999.

鷲田淸一,『パラレルな知性』, 晶文社, 2013.

特集,「大学の未來」,『現代思想』, 靑土社, 2009.11月号.

「最强の大学ランキング」,『週刊ダイヤモンド』, 2015.11.7日号.